정답이 오답이다

정답이 오답이다

지은이·김이석
펴낸이·성상건
편집디자인·자연DPS

펴낸날·2025년 8월 22일
펴낸곳·도서출판 나눔사
주소·(우) 10270 경기도 고양시 덕양구 푸른마을로 15
      301동 1505호
전화·02)359-3429   팩스 02)355-3429
등록번호·2-489호(1988년 2월 16일)
이메일·nanumsa@hanmail.net

ISBN 978-89-7027-853-7   03190

값 10,000원

잘못된 책은 바꾸어 드립니다.

정답이 오답이다

- 신 앞에서 철학하다 -

| 김이석 지음 |

나눔사

신앙을 확신하던 순간부터 나는 동시에 의심과도 싸워야 했다. 신학을 공부하면 할수록 신앙은 더욱 흔들리기도 했다. 어릴 적, 나는 아버지의 서재에서 보내는 시간을 좋아했다. 그곳에서 수많은 책들을 접했고, 책 읽기를 즐겼다. 감동을 받았고, 많은 것을 배웠다. 신학을 공부하며 사명의 뜨거움을 느꼈고, 이 길이 바로 나의 길이라고 확신하기도 했다. 그러나 어느 순간부터 고민이 찾아왔다.

신학이 할 말은 이것뿐인가? 늘 같은 이야기를 반복하는 것은 아닌가? 더 이상 발전은 없는가? 당시 사회는 민주화 운동으로 소란스럽고 흔들리고 있었는데, 교회의 신앙은 너무 조용하고 무력해 보였다. 그때 나는 물었다. 신앙이 이 사회 속에서 할 수 있는 일은 무엇인가? 기도밖에 없는가? 왜 우리는 믿는가? 종교는 왜 사라지지 않는가? 종교는 마약인가, 환상인가, 아니면 단지 우리의 욕망이 투영된 결과인가? 도킨스의 말처럼, 종교는 뇌를 비우고 사는 사람들의 전유물인가?

이 질문들은 아마 나만의 것이 아닐 것이다. 나와 비슷한 고민을 안고 살아가는 사람들이 많을 것이다. 답을 찾지 못한 채 신앙을 떠난 이들도 있을 것이고, 여전히 고민하면서도 그것을 잠시 한쪽에 밀어둔 이들도 있을 것이다. 이 책은 바로 그런 분들에게 유익할 것이라 믿는다.

같은 고민을 하고, 같은 길을 가는 이들에게 나의 생각을 나누고자 함이다.

이 책은 주장이 아니라 고백이다. 학문적 논문처럼 객관적 언어로 쓴 글이 아니라, 나의 삶과 신앙을 담은 고백이다. 종교철학자로서 내가 세상을 바라보는 눈이 어떠한지를 고백한 것이다. 그래서 어떤 오류가 있더라도 이해해주기 바란다. 사실 이 글은 애초에 출간을 목적으로 쓰인 것이 아니다. 목회를 하며 설교를 준비하다가 떠올린 생각들을 한곳에 모아 정리한 것들이다. 말하자면 '설교의 뒷이야기'라 불러도 좋을 것이다. 설교처럼 말하고 싶지 않았고 그렇다고 논문처럼 딱딱하게 쓰고 싶지도 않았다. 하지만 쓰고나니 어중간한거 아닌가 싶기도 하다.

마지막으로, 이 글을 쓰는 동안 늘 마음에 떠오른 분들이 있다. 평생을 산골짜기에서 몇 명의 성도들을 위해 헌신하시고 은퇴하신 아버지와 어머니, 나의 길을 함께 걸으며 기쁨과 눈물을 함께 나눈 아내에게 깊은 감사를 드린다.

조직신학자이자 목회자로 누구보다 치열하게 살아온 귀한 동역자의 옥고를 접하게 되었을때 얼마나 감격스러웠는지 모릅니다. 저는 저자가 유학을 마치고 귀국한 이후, 학교와 교회 현장에서 학문과 신앙, 그리고 앎과 삶을 조화시키려 얼마나 고군분투했지는를 지켜 본 많은 증인 중 일인입니다. 그런 독자로서 저자가 경험한 그간의 고민과 묵상을 드려다 볼 수 있는 책의 출판이 얼마나 반가운지 모릅니다. 저자를 아는 분들이라면 주님과 저자의 씨름과 묵상을 행간을 통해서도 느낄 수 있을 것입니다. 이 책을 접하는 독자라면 누구나 이 책이 신앙과 삶의 다양한 문제를 저자가 묵상과 기도로 살아낸 후 남긴 고백이라는 것을 알 수 있을 것입니다. 어쩌면 누구나 느꼈을 문제이지만 저자만의 진지한 삶과 고백이 글을 통해 모든 독자에게 큰 영적 위안과 도전으로 다가가리라 확신합니다. 이 글이 신앙의 가벼움을 고민하는 독자들에게 묵직한 울림이 될 것입니다.

정용한 교수 및 교목(연세대학교 신약학)

김이석 박사는 종교철학을 가르치는 학자이면서 동시에 복음적 신앙을 가진 설교자이자 말씀 묵상가이다. 이 책에는 그의 교회에 대한 고민과, 그 고민의 결과로 허상을 넘어 참된 믿음으로 나아가는 진지한 추구가 가득 담겨있다. 고민의 무게에 비해 문제가 어렵지 않고, 본질적인 신앙을 향한 분명한 방향을 제시한다. 비슷한 개념이지만 사뭇 다른 의미의 말들을 구별하여 그 차이점을 세밀하게 설명함으로, 독자들로 하여금 고개를 끄덕이며 깨달음의 웃음을 짓게 한다. 신앙 생활을 시작하는 분들이나 기독교 신앙을 재정립하고자 하는 분들에게 적극 추천한다.

윤만희 (감비아 대학교 기독교학과 교수/감비아 선교사)

김이석 목사는 30년 전 신학교 동기로 만났습니다. 그 오랜 시간 제가 지켜본 김목사는 치열하게 고민하면서 신학과 목회, 삶의 현장을 살아왔습니다. 이 책은 바로 그런 저자의 묵상과 하나님 앞에서의 몸부림이 고스라니 녹아 있는 옥고입니다. CS 루이스가 순전한 기독교에서 이렇게 말했습니다. '하나님의 사랑 앞에서 지상에서 남녀가 나누는 가장 황홀한 사랑 조차 물탄 우유 처럼 싱거울 것입니다' 부디 김목사의 이 귀한 글이 물탄 우유 같이 싱거운 출판물의 홍수 속에서 루이스가 말하는 하나님의 사랑을 제대로 경험케 하는 책이 되기를 바랍니다.

김형민(김형민청소년활동상담센터 대표(Ph.D),
용인동행교회 담임목사)

김이석 목사님이 이번에 펴낸 책을 읽었습니다. 문장은 부드럽게 흘러가지만, 그 안에 곱씹을 만한 생각의 알갱이들이 가득합니다. 어떤 페이지는 쉽사리 넘기지 못할 만큼 사유의 밀도가 깊습니다. 그는 단어를 가지고 유희하는 듯 보이지만, 그 유희는 단어의 이면을 파고드는 고요한 씨름의 결과입니다. 그가 얼마나 오래 묵상하며 고투했는지를 글 속에서 자연히 마주하게 됩니다.

그의 글을 따라가다 보면, 세상에 대한 따뜻한 연민과 불의에 대한 거룩한 분노가 교차합니다. 숨을 죽이며 읽다 보면, 이 사회가 하나님의 공의와 사랑으로 회복되기를, 교회가 교회다워지기를 소망하는 그의 광야의 외침을 듣게 됩니다. 때로는 새벽 공기처럼 날카로운 한 문장이 마음을 깨우고, 어느 장면에서는 잊고 살았던 성령의 속삭임처럼 내면 깊숙이 울림을 줍니다.

이 책은 내 영혼에 덕지덕지 붙어 있던 묵은 때를 조용히, 그러나 깊이 씻어주는 귀한 선물 같은 책입니다. 기도하며 추천합니다.

박인성 목사(송탄영광교회 담임목사)

||| 차례 |||

1. "눈물"과 눈"물" : 신앙과 과학의 결정적 차이

"눈물"과 눈"물"의 차이는 믿음과 인문학이라는
세계에 대해 많은 생각을 하게 합니다. 천문학이 하늘과
별들의 길에 대해 말하는 것이라면 인문학은 땅위 인간의
길에 대해 말하는 것입니다.

"눈물"과 눈"물":
신앙과 과학의 결정적 차이

우리는 눈"물"에 대해서 설명할 수 있지만

"눈물"을 설명할 수는 없습니다.

우리는 눈"물"을 만들 수는 있지만 마음이 흘리는 "눈물"을 만들 수는 없습니다.

눈"물"을 분석할 수는 있지만 역으로 "눈물"을 만들 수는 없습니다.

⊙ 눈물을 처방하다

처음 안약을 처방 받았을 때 이해 못한 게 있었습니다. '눈물'을 처

 믿음, 그 설명할 수 없는 것들

방해 주겠다고 말을 하는데 제일 먼저 든 생각은 "눈물을 처방해? 눈물을 어떻게 처방하지? 눈물나게 만드는 약인가? 눈물 안나게 한다는 뜻인가?" 나중에 그 뜻을 알았습니다. 우리가 아는 눈물이 눈에서 흐르는 물이라면, 의사가 말한 눈'물'은 눈에 넣는 인공 '물'이었습니다. "눈물"과 눈"물"은 달랐습니다. 둘 다 내 몸의 물과 비슷하지만 하나는 자연적이고 다른 하나는 인공적으로 성분을 맞춘 것이었습니다.

"눈물"과 눈"물"의 차이는 믿음과 인문학이라는 세계에 대해 많은 생각을 하게 합니다. 천문학이 하늘과 별들의 길에 대해 말하는 것이라면 인문학은 땅 위 인간의 길에 대해 말하는 것입니다. 과학은 숫자로 표현되는 엄밀성과 정확성이 특징이지만 인문학은 부정확합니다. 인간이 인간에 대해 말하는 길은 엄밀성, 정확성 등을 말하기 어렵습니다. 사람은 그 숫자만큼이나 다양하기 때문입니다. 그래서 인문학, 신학은 겸손을 요구합니다. 겸손이라 함은 심리적 상태이며 학문적 자세이기도 합니다. 너도 나도 주장하고 목소리 높이지만 사람의 경험과 문화적 다양성으로 인해서 나만 옳다 하지 않고 서로 틀릴 가능성을 인정하고 듣는 자세를 겸손이라고 할 수 있을 것입니다. 그래서 단정적인 교만은 나중에 반드시 후회하게 됩니다. "이것만"이라고 주장했는데 나중에 보니 틀린 경우도 많고 각자가 옳은 길이었다는 것을 깨닫게 되기도 합니다.

◉ 과학시대의 공격

유발 하라리는 인류는 세가지 혁명을 겪었다고 말합니다. 인지혁명은 인간이 호모 사피엔스가 된 이성의 혁명이고 농업혁명은 필요이상으로 생산하게 되면서 잉여생산물로 문화, 경제등이 등장하는 계기가 됩니다. 마지막 혁명은 과학혁명입니다. 이 혁명이 현대를 만들었지요. 과학혁명은 근현대의 과학 뿐만 아니라 모든 분야에 혁명이라 할만큼 중차대한 영향을 끼쳤습니다. 과학적 논리, 수학, 실험가능과 증명 등의 방법론은 이전의 모든 것을 흔들었습니다. 이 전의 신화와 거짓과 가식의 옷들을 벗겨버렸지요. 이는 진보와 발전을 가져왔지만 다른 한편으로는 과거의 중심이었던 신앙 등은 파괴되어야 하고 사라져야 하는 과거의 거짓 신화 등으로 취급되기도 했습니다. 리차드 도킨스 등의 신무신론자들은 신앙이 비합리적인 이야기들로 가득하고 반복될 수 없는 일들 투성이이고 증명되지 않으며 분석되지도 않는 비과학적인 것들이라고 비판합니다. 신앙은 의심받고 맹목적 광신이라고 비판당합니다. 이런 비판을 들을 때마다 저는 신앙의 현상들을 다시 반복해서 보여주고 증명하면 좋

 믿음, 그 설명할 수 없는 것들

겠다 생각합니다. 뉴스처럼 신앙의 사건들을 다시 재생해서 보여주고 기적 등이 가능하다는 것을 과학적으로 수학적으로 증명하면 좋겠다 생각합니다.

하지만 곰곰이 생각해보면, 과연 이 세상에 반복가능하고 증명가능한게 몇 가지나 있을까 싶습니다. 특히 사람의 일들에 대한 학문인 인문학에서 이런 증명과 반복가능성이라는 게 과연 가능할까요? 역사를 반복해서 보여줄 수 있을까요? 감정이라는 것을, 갈등을 재현할 수 있을까요? 인생은 본래 반복이 없습니다. 한번 살면 끝입니다. 되돌리기나 다시 시작하기가 없습니다. 살아보고 아 그게 맞는거구나하고 알 수 있으면 좋겠습니다. 하지만 그럴수가 없지요. 게임은 게임오버되도 다시 시작할 수 있지만 인생은 게임오버되면 정말 끝입니다. 다시 볼 수도 시작할 수도 없고 왕복여행이 아닌 원웨이 일방통행만이 가능한 길입니다. 그래서 인문학 신앙 등의 목소리는 다양합니다. 과학이 싫어할만한 모호함과 반복불가능성 그리고 이로 인한 증명불가능성이 등장합니다.

과학은 분석을 좋아합니다. 하지만 신앙은 분석이 별로 가능하지 않고 분석해도 별로입니다. 인간의 마음을 노래하는 시를 생각해 봅시다. 시는 분석이 가능할까요? 이별을 노래한 시를 생각해 봅시다.

이별한 연인의 고통스런 마음을 어떤 기준으로, 어떤 객관성으로 측정할 수 있을까요? 1에서 100사이의 수치로 측정할 수 있을까요? 사람마다 다른 사랑의 기쁨, 행복을 수치화 정량화 할 수 있을까요? 몇 점 차이로 누구의 시가 더 아프다 더 행복하다 할 수 있을까요? 그렇게 시도하는 순간 시는 더 이상 시가 아닐겁니다. 고등학교 국어시간처럼 밑줄 쫙 쳐가면서 분석할 수 있을까요? 보라색깔이 의미하는 것은 죽음을 암시하는 복선이다 등으로 분석하고 앉아있으면 시일까요? 밑줄은 칠 수 있지만 분석할 수는 없습니다. 파란 하늘을 보고 감탄했는데 그 감탄을 어떻게 분석할까요? 수만가지 색깔로 나타난 저 하늘도 말로 다 표현 못하는데 시인의 마음속에서 감동과 함께 뒤섞여버린 하늘색을 뭐라고 분석할까요? 시도 노래도 신앙도 분석할 수는 있지만 분석하는 순간 시됨, 노래됨, 신앙됨이 사라집니다.

◉ 분석할 수는 있으나 만들 수는 없다

눈에서 흘러내리는 '눈물'과 의사가 처방해서 눈에 넣는 눈'물'은 같지 않습니다. '눈물'은 눈'물'이 될 수는 있지만 눈'물'이 '눈물'이 될 수는 없습니다. 눈에서 흘러내리는 눈물은 분석가능합니다. 아마도 분석해보면 염류 얼마와 단백질 그리고 물 등이 나올 것입니다.

하지만 그게 눈물입니까? 아닙니다. 과학적 방법은 눈물을 분석할 수 있고 설명할 수 있습니다. 하지만 그 분석은 눈물을 다 설명한 게 아닙니다. 눈물을 분석할 수는 있지만 분석된 내용이 눈물은 아니라는 것입니다. 눈물이 만들어지고 흐르는 몸의 프로세스를 설명가능 하겠지만 그 설명이 눈물이 되진 않습니다. 분석대로 염류와 물을 역 순으로 섞으면 눈물이 될까요? 눈물을 분석해서 눈'물'을 알 수는 있 지만 눈'물'이 눈물이 될 수는 없는 것입니다. 우리가 안다는 것은 제 대로 아는게 아닙니다. 아주 일부부만을 아는 것입니다.

인간이 흘리는 눈물은 분석 그 이상이 담겨있습니다. 눈물은 고 통속에서 흐르고, 기뻐서 흐르고, 말할 수 없어서 또 말하고 싶어서 흐르기도 합니다. 말로 설명하거나 싸우거나 할 때 더 이상 말로 할 수 없는 한계점에 이르면 눈물로 말하게 됩니다. 더 적절한 표현이 없고 가슴속에 맺힌 감정을 더 설명할 수단이 없을 때 그 순간 우리 는 눈물로 말하는 것입니다. 그래서 눈물은 "언어가 아닌 언어"이고, "언어 이상의 언어"인 것입니다. 고통을 눈물로 말하고, 답답함을 눈 물로 말하고, 꺼낼 수 없는 마음을 눈물로 말하고, 그릴 수도, 보여줄 수도 없는 마음의 병을 눈물로 그리는 것입니다. 자녀를 위해 흘리는 어머니의 눈물은 사랑을 말합니다. 눈물은 그냥 물이 아닙니다. 물 이상의 물이며, 수많은 것을 담고 있는 언어를 뛰어넘는 언어이며 보이지 않는 것이 흘러 넘쳐보이게 된 것들입니다.

◉ 잃어버린 언어 : 눈물

우리는 눈"물"에 대해서 말할 수 있지만 "눈물"을 말할 수는 없습니다. 우리는 눈"물"을 만들 수는 있지만 마음이 흘리는 "눈물"을 만들 수는 없습니다. 눈물을 분석할 수는 있지만 역으로 눈물을 만들 수는 없습니다. 과학과 사회는 발전했고 눈"물"을 만드는 과학의 시대이지만 안타까운 것은 인간이 흘리는 눈물에 대해서는 더 무지한 시대를 살아갑니다. 흐르는 눈물을 이해하지 못하고 그 속에 담긴 눈물의 언어를 알지 못합니다. 수많은 눈물이 흐르고 있지만 그 눈물을 듣지 못하고 보지 못하고 이해하지 모르고 공감하지 못하고 있습니다. 외국어도 잘하고 통역앱도 발전되었지만 우리는 더 서로 이해 못하고 눈물의 언어도 없는 시대를 살아갑니다. 그게 우리시대의 아픔입니다.

2. 세속믿음 :
종교보다 더 종교적인 세속사회

세속은 오히려 그 신성을 자신들이 입고 자신들의
사회를 종교화된 세속사회로, 신이 없는 종교로, 종교
아닌 종교성을 가진 사회시스템으로 바꿔갑니다.
이런 모습을 보면 종교는 과연 사라진 것인가 생각
됩니다.

2. 세속믿음 :
종교보다 더 종교적인 세속사회

종교였던 종교의 모습을 잃고, 자신들 고유의 신성을

스스로 검열하고 이해되는 것으로 바꾸었습니다. 하지만 세속은

오히려 그 신성을 자신들이 입고 자신들의 사회를

종교화된 세속사회로, 신이 없는 종교로,

종교 아닌 종교성을 가진 사회 시스템으로 대체했습니다.

◉ 보이지 않는 것은 믿을 수없다?

"이게 종교다" 하고 특징짓는 요소 중 하나는 "보이지 않는 것을 믿는다"는 것입니다. 초월세계, 기적, 사후세계, 신적존재 등은 볼 수 없고, 만질 수 없고, 증명할 수 없고 비이성적이기까지 한 것들입니다. 이런 요소들은 종교를 구성하는 요소이면서 동시에 종교를 맹신과 맹목으로 비판받게 하는 요소가 되기도 합니다.

과학 혁명이라고 불리는 이성의 시대는 이러한 종교적 특징과 충돌합니다. 과학사회는 보이는 것 혹은 증명되고 논리적인 것만을 인정합니다. 종교적인 것들처럼 보이지 않고 만질 수도 없는 것을 믿는 것은 비이성적이며 맹목적인 어리석은 구시대의 행동으로 보일 뿐입니다.

이제는 이러한 비판적 시각은 일반화 되었습니다. 종교에 관심없는 일반인 뿐만 아니라 종교인들조차도 이런 보이지 않는 것에 대해서 말하는 것을 꺼려하게 되었습니다. 신학자라고 부르는 전문 종교인들은 발빠르게 대처해서 이런 보이지 않는 부분들을 비신화화라는 이름으로 스스로 삭제하거나 자기검열을 했습니다. 과학이라고 하는 기준에 맞추려고 억지해석을 하기도 했습니다. 하지만 현대를 지나가면서 우리가 발견한 놀라운 사실 하나는 종교는 보이지 않는 것을 믿고 과학사회는 보이는 것만 신뢰한다는 통념이 깨지고 있다는 것입니다. 그것은우리 사회가 보이지 않는 것을 믿고 있다는 사실을 발견한 것입니다. 세속사회는 믿음이 없는줄 알았는데 종교보다 더 종교적인 믿음 바탕위에 존재하고 있었습니다.

◉ 돈도 믿음 위에 근거합니다

우리가 좋아하는 돈을 생각해 봅시다. 과거 실물경제에서는 가치라는 것이 눈에 보였고 만질 수 있었습니다. 그래서 실물경제입니다. 눈에 보이는 물건의 가치만큼 교환하고 소유할 수 있었지요. 그러다 돈이라는 형태의 화폐경제로 발전하면서 물건의 가치는 구리 혹은 금이라는 형태로 옮겨집니다. 쌀, 고기 등의 실물 대신 화폐로 가치를 대신한 것입니다. 이때까지 만해도 가치라는 것은 여전히 가시적이었고 만질 수 있는 형태였습니다. 하지만 신용사회 디지털 시대가 되면서 돈은 실물을 떠나 상징이 되기 시작합니다. 실물경제에서 소비지출 이란 실제 돈의 형태가 옮겨지는 것이었습니다. 몇 만원이라고 하는 눈에 보이고 잡히는 돈이라는 가치가 여기에서 저기로 이동했습니다. 하지만 0과 1로 표현되는 디지털, 신용 경제에서는 더 이상 실물이 존재하지 않습니다. 내 통장에 100만원이 들어왔다고 했을 때 사실 그것은 숫자 뿐입니다. 돈이라고 생각하는 숫자가 오고 간 것이고 내가 볼 수 있는 것은 숫자일 뿐이지요. 우리는 숫자를 보며 돈을 썼다, 지출했다, 이체했다고 "믿는" 것입니다. 신용사회라는 말은 바로 이 숫자에 대한 "믿음"을 말하는 것입니다. 숫자가 오고 갔지만 그만한 가치도 오고 갔다고 서로가 '믿고' 국가와 경제가 '믿게' 만든다는 것입니다. 그게 신용입니다. 숫자가 돈이라고 어떻게 믿습니까? 통장 속의 숫자가 그만한 가치가 있다고 어떻게 압니까? 아이들이 쓰는 숫자와 은행의 숫자가 다르다고 어떻게 보장합니까? 이것은 '믿음'입니다. 이제는 크레딧 카드나 안면인식만으로도 거래가 되는 사회가 되면서 화폐조차도 오고 가지 않는 사회가 되었습니다. 오고 가는 수많은 숫자들, 우리는 그것을 돈이라고 "믿고" 있는 것입니다. 만일 이 믿음이 사라지게 된다면 경제는 무너집니다. 우리 나라 돈, 원화는 바다를 건너가면 아무도 그 돈을 '믿어주지' 않습니다. 달러는 아프리카에서도 사용되지만 원화는 사용을 거부당할 것입니다. 그냥 그림인 것이지요. 그곳에서는 원화의 가치를 믿지 못하는 것입니다. 돈의 가치라는 것은 믿음에 기초합니다. 숫자는 "믿음"입니다. 이 믿음을 지탱하고 가능하게 하는 게 국가시스템입니다. 경제 불황기에 주식이 폭락하고, 돈의 가치가 떨어지며 돈 주식 등의 숫자를 믿을 수 없을 때, 믿음이 사라질 때 가치가 올라가는게 실물입니다. 숫자 대신 금, 부동산 등의 가치가 올라갑니다. 적어도 보이는 것을 소유하겠다는 것입니다. 근자에 인기인 비트코인 등도 믿음에 기초합니다. 강력한 국가 시스템의 보증이 없기에 불안합니다. 하지만 뉴스 등을 통해 다들 믿는다더라 하는 '믿음'이 생기면 비트코인은 폭등하게 되고, '불신'이 생기는 순간 폭락하게 됩니다.

◉ 자본주의도 종교다 : 성인·성지·성전·제사장

　세속이 더 종교적이고 믿음위에 서 있다는 증거는 많습니다. 우리 삶의 중요한 일부분인 경제는 신용이라는 믿음을 위해서 신성화와 종교화를 채택했습니다. 자본주의는 종교와 같은 모습을 취하고 있습니다. 예를 들어 종교에는 존경받을 만한 순교자 혹은 신앙위인이 있습니다. 기독교는 어거스틴, 마틴 루터 킹, 불교는 원효스님, 성철스님 등이 있습니다. 그런데 경제에도 신앙위인들이 존재합니다. 스티브 잡스, 빌 게이츠 등이 대표적입니다. 이들의 어록은 기록되고 회고되고 많은 새내기 경제종교의 신자들은 그들을 닮아가려 애씁니다. 기독교인들이 예수님을 닮아가는 작은 예수되고 싶어 하듯이 경제종교신자들은 이들 경제성인들을 존숭하고 앙모합니다.

　뿐만 아니라 종교인들이 성지순례를 가듯이 경제종교신자들은 경제의 성지 뉴욕의 월스트리트를 경건하게 방문합니다. 경외심을 갖고 월스트리트를 바라봅니다. 종교에는 성전을 관리하고 제사를 집

전하는제사장이 있는 것처럼 자본주의에도 제사장이 있습니다. 주식시장의 매수인들은 주식시장을 유지하고 율법을 제작하고 지키는 제사장과 율법사의 일들을 합니다.

◉ 경건한(?) 국민의례

종교인들이 성전에 예배하러 가듯이 경제종교인들도 설레고 기대하는 마음으로 가장 좋은 옷을 입고 고급 백화점을 방문하고 명품들을 성물 대하듯이 경건하게 어루만지며 바라보며 공경합니다.

세속화된 사회이고 종교색을 국가정책 등에서 없애는 시대이지만 국가시스템은 종교시스템을 가장 잘 사용하는 곳중 한곳입니다. 현충원 등을 방문하면 어느 곳보다 발전한 종교의례를 발견합니다. 방문한 사람들은 강단 같은 기념탑 아래에서 성전의 향처럼 항상 타오르는 향을 피우고 누구에게 하는 것인지 모르지만 경건한(?) 묵념을 요구받습니다. 항상 궁금했습니다. 그 앞에서 고개숙인 사람들은 누구에게 말하는 것일까요? 어떤 효과가 있다고 생각할까요?

또 국가 혹은 사회행사 때마다 빠지지 않는 국민의례가 있습니다.

지금은 사라졌지만 국기에 대한 맹세나 국민교육헌장을 외우며 종교인들의 신앙고백처럼 충성고백을 강요했습니다. 이순신장군 등의 위인들의 무덤 혹은 집을 방문하면 어느 종교시설보다 더 경건하게 침묵할 것을 요구받습니다. 이곳은 떠들면 안되는 경건하고 거룩한(?) 곳이기 때문입니다. 국가 스스로 종교적 언어들과 제도들을 가장 잘 사용하며 하늘의 권세를 자신들에게 입히려 하지요.

스포츠에서도 이런 종교성이 넘칩니다. 야구에서 명예의 전당에 오르거나 유명한 선수를 "전설적인" "신화적인" 선수라 부릅니다. 그가 쓰던 운동기구, 운동복까지 모아두고 기념합니다. 영구결번이라 부르며 그 선수를 영원히 기억해야 할 신적(?) 존재로 승격시킵니다. 종교였던 것은 종교의 모습을 잃어가고 세속이 그 종교성을 오히려 가져갔습니다. 종교는 자신들 고유의 신성을 스스로 검열하고 이해되는 것으로 바꾸고 세속은 오히려 그 신성을 자신들이 입고 자신들의 사회를 종교화된 세속사회로, 신이 없는 종교로, 종교 아닌 종교성을 가진 사회시스템으로 바꿔갑니다. 이런 모습을 보면 종교는 과연 사라진 것인가 생각됩니다. 아무리 종교가 사라질 것이다. 세속화되었다고 하지만 여전히 종교성은 빼놓을 수 없는 인간 삶의 한부분으로 존재하고 있습니다. 반면에 종교는 바보가 되었습니다. 저 위의 종교성을 스스로 끌어내려 버렸습니다. 신비를 버리거나 혹은 신기한 것으로 바꿔버렸습니다. 가장 값진 것들, 말로 다 못할 신비들을 다 땅바닥으로 끌어내려 헐값으로 만든 장본인이 바로 신학자 종교인 자신들 아닌가 생각됩니다.

3. 신기와 신비 :
기적은 신앙의 본질이 아니다

기적 때문에 신앙을 갖게 되었다면 바로

그 동기 때문에 신앙을 버릴 수도 있습니다. 믿음의

근거가 기적이었다면 그 근거가 무너지는

순간 믿음도 무너집니다.

기적이라고 믿었는데 다른 종교에도 기적이 가능하고,

기적이라고 믿은게 사기였다거나,

과학적으로도 설명가능한 일이었음을 알게 되는

순간 믿음은 허탈해집니다.

신기와 신비 :
기적은 신앙의 본질이 아니다

돌이 떡이 되는 것이 기적이 아닙니다.

할 수 있고 당연하게 볼 수 있는 일을 하지 않음이 기적이고

사는게 아니라 죽는게 기적입니다.

기적은 신기한 행동이 아니라 신비함입니다.

흔히 생각하기를, 좋은 신앙이란 잘 믿는 것이라고 합니다. 특히 기적 등의 믿기 어려운 일들까지도 아멘하며 잘 믿는 것을 "좋은 믿음"으로 여기지요. 종교안에 기적이라는 것은 필수적입니다. 우리가 할 수 없고 생각도 못한 일들이 신에 의해서든 사람에 의해서든 이뤄

지는 것, 믿게 되는 것이 종교입니다. 신앙을 가진 사람은 기적을 인정할 수 밖에 없습니다. 하지만 그렇다고 기적을 믿는 것이 좋은 신앙의 기준이 되진 않습니다.

◉ 기적은 믿음의 근거가아닙니다

기적 때문에 신앙을 갖게 되었다면 바로 그 동기 때문에 신앙을 버릴 수도 있습니다. 믿음의 근거가 기적이었다면 그 근거가 무너지는 순간 믿음도 무너집니다. 기적이라고 믿었는데 다른 종교에도 기적이 가능하고, 기적이라고 믿은 게 사기였다거나, 과학적으로도 설명 가능한 일이었음을 알게 되는 순간 믿음은 허탈해집니다. 마술사들의 마술에 놀라워하지만 그 기술을 알게 되는 순간 얼마나 허탈해지던가요! 기적 또한 마찬가지입니다. 사실 신기한 기적은 마술사들이 더 잘합니다. TV 등에 나와서 마술사들은 놀라운 마술을 보여줍니다. 신기하고 놀랍습니다. 하지만 우리는 그것을 신앙하지는 않습니다. 하나의 놀라운 기술이라는 것을 알기 때문입니다.

마술은 신기합니다. 하지만 신비하지는 않습니다. 신기와 신비를 비교해봅시다. 신기함은 사람을 끄는 힘이 있습니다. 신기한 재주와 마술은 사람들을 끌어 모읍니다. 하지만 그게 전부입니다. 신기함은 새로운 신기함 앞에 밀려납니다. 또 신기함이 다 까발려지는 순간 신기함은 일시에 사라지기도 합니다. 신기함이 등장하면 사람들이 쉽게 모입니다. 하지만 알아갈수록 점점 흩어지게 됩니다. 신기한 기계는 금새 식상해지고 더 신기한 기계를 기다립니다. 신기에 매달리는 신앙은 금새 생기고 뜨겁지만 다른 신기함이 등장하면 금새 갈아탑니다. 이런 천박한 신앙을 기복신앙, 사이비라고 부릅니다.

◉ 돌을 떡으로 만들기를 거부하시다

예수님은 많은 기적을 행하셨습니다. 앉은뱅이를 일으키시고, 5천 명을 먹이시고, 눈먼자는 눈뜨게하고. 죽은 자를 살리셨습니다. 하지만 기적에 매달리지 않으셨습니다. 사탄이 40일 금식을 하고 배가 고픈 예수님을 시험했습니다. 돌을 떡으로 만들어 먹자는 것이었습니다. 사실 이게 말도 안되는 일은 아닙니다. 배는 고프고 능력도 있으니 흔한 돌로 떡을 만들어 먹자는 것은 합리적이고 당연한 것 아닐까요? 하지만 거절하십니다. 아니 왜 거절하시죠?

제자들이 먼 길을 걷느라 피곤했던 어느 날이었습니다. 예수공동체에 재정이 없었고 예수님도 이들을 먹일 방법이 없으셨던 것 같습니다. 결국 배고픈 제자들이 길 옆의 밀을 훑어서 먹게 되었습니다. 그리고 이게 문제가 됩니다. 안식일 율법조항에 어긋난 것이지요. 안식일에 일하지 말라는 법을 어기고 수확을 하고 요리를 한 것이지요. 불법이었습니다. 하지만 이것은 예수님 책임 아닐까요? 제자들이 배고프고 밀알을 훑어서 먹어야 하는 상황이라면 오병이어의 기적처럼 종종 돌을 떡으로 만들어 먹는게 맞는 것 아닐까요? 왜 배고픔을 그냥 두시는 것일까요? 배고픔이 좋은 것일까요? 왜 예수님은 돌을 빵으로 기적을 일으켜 먹자는 의견에 단호하게 안하겠다 하시는 걸까요? 능력이 없으셨나요? 그러면 오병이어의 기적도, 153마리 물고기를 잡은 기적도, 가나혼인잔치의 기적도 하지 말아야 하는 것 아닐까요?

바리새인들이 예수님에게 '당신이 메시야라는 것을 보여주시요'라고 하며 시비를 걸며 증거를 요구했습니다. 가장 좋은 방법은 자신이 메시야임을 보여주고 증명하는 것입니다. "못믿어? 봐라!" 하시며 이적을 보여주었다면, 신기한 일들을 일으켰다면 얼마나 쉽게 사역이 풀렸겠습니까? 아마도 믿는 바리새인들도 많이 생기지 않았을까요? 종종 돌을 빵으로 만들어 먹었으면 이것 때문에라도 많은 사람들이 따르지 않았을까요? 하지만 예수님은 이런 바리새인들의 요구에 대해 너희에게 보여줄 표적은 하나도 없다 하시며 냉혹하게 거절하십니다. 덕분에 적들만 더 늘어났습니다.

왜 기적을 거절하셨을까요? 왜 굳이 어려운 길을 자처하실까요? 왜 돌로 만드는 빵집을 안만드셨을까요? 기적으로 치료하는 예수병원을 만드시지 않은 것일까요? "답은 분명 합니다. 예수님은 믿음을 신기한 기적에 두지 않으시기 때문입니다". 바리새인 등이 요구한 것들은 모두 "신기함"입니다. 신기한 일들을 보면 믿겠다는 신기함에 기초한 신앙이지요. 하지만 신기함은 결단코 믿음의 기초가 될 수 없으며 믿을 만한 증거가 될 수도 없습니다. 신기한 것은 예수님보다 마술사들이 더 잘합니다. TV 쇼와 컴퓨터 CG가 발전한 지금은 더 신기한 쇼가 가능합니다. 예수님도 이런 기술들에는 밀릴지도 모릅니다. 예수님은 이런 쇼를 보여주고 싶어하신게 아닙니다. 예수님이 악한 세대에게 진정으로 보여주고 싶어한 것은 "요나의 표적 뿐"이라고 하셨습니다. 요나의 표적은 요나가 하나님의 명령과 달리 다른 길로 가다가 물고기 뱃속에 갇혔다가 3일만에 나왔던 일을 말합니다. 죽음 같은 시간을 보내고 3일만에 세상으로 나온 모습입니다. 예수님은 이것을 죽음과 부활의 모습으로 해석하셨습니다. 너희 같이 신기한 기적만 바라는 사람들에게는 기적이 아니라 죽음과 부활이라는 진정한 기적 외에는 보여줄 것이 없다는 것입니다.

  믿음, 그 설명할 수 없는 것들

◉ **참 기적이란?**

신기함은 신앙의 기초가 아닙니다. 물고기 뱃속에 갔다왔다든지. 사고 속에서 나만 살았다라는 것은 기적이 아닙니다. 암세포도 자기는 삽니다. 주변 세포들을 다 죽여서 문제지요. 세상의 큰 목소리 중 하나는 나는 살겠다입니다. 남을 죽여서라도 살겠다는 것입니다. 희생과 헌신이라는 말은 존재하지 않습니다. 요나의 기적이라 함은 세상의 소리와 반대소리입니다. 스스로 죽음의 자리로 나아가고 죽겠노라는 자기희생의 목소리입니다. 그렇게 죽지만 결코 어떠한 죽음의 세력도 나를 죽게 둘 수 없고 죽음 속에 둘 수 없음을 증명하는 것이 부활입니다. 예수님이 보여주겠다는 기적은 우리가 간절히 바라는 살겠다는 의지와 죽음의 세력의 힘을 모두 파괴하는 신비입니다. 돌이 떡이 되는 것이 기적이 아닙니다. 할 수 있고 당연하게 보여줄 수도 있는 일을 하지 않고 세상과 꺼꾸로 가는 예수님이 신비이며 바로 기적입니다. 사는 게 아니라 죽는 것이 기적입니다. 기적은 신기한 행동이 아니라 신비함입니다.

신앙에는 신비가 가득합니다. 하나님이 이스라엘 백성을 먹이신 만나는 기적입니까? 네 기적입니다. 놀랍고 신기한 일입니다. 하지만 광야에서 태어난 세대에게는 다릅니다. 만나를 40년 동안 계속 봤고 먹었습니다. 아침에 일어나서 당연하게 만나를 거두었습니다. 만나는 샘에 물이 나오듯이 당연한 일상이었습니다. 광야세대에게는 만나는 신기한 기적이 아닙니다. 하지만 잊지 말 것은 신기한 기적은 아니지만 신비한 기적이었다는 것입니다. 일상적인 것은 신기함을 상실합니다. 하지만 매일매일 볼 수 있더라도 항상 동일하더라도 반복되는 것이라도 신비는 그 속에 존재합니다. 신기는 일상이 제거된 곳에만 있습니다. 하지만 신비는 일상 속에 존재하고 있습니다. 만나라는 기적은 일상이 되면서 신기함을 잃어버렸습니다. 하지만 그 일상은 하나님의 은혜였고 신비한 참 기적이었습니다. 우리 일상도 동일합니다. 너무 일상이다보니 당연하게 여기지만 사실 하나하나가 다 신비함이요, 기적입니다. 우리의 일상에는 이러한 신비가 가득하죠. 기적은 멀리 있지 않습니다. 내 일상속에, 숨쉬는 곳에 있습니다.

⊙ 기적없이, 더 기적처럼 살아간 사람

유진 피터슨은 다윗의 인생에 대해 참 중요한 지적을 합니다. "다윗은 기적이 없었던 사람이다." 다윗의 일생에는 흔히 생각하는 개념으로서의 기적은 하나도 없었습니다. 골리앗과의 전투도 상식적입니다. 다윗은 평소에 공격적인 동물들을 막기 위해서 물맷돌을 능숙하게 사용했습니다. 그의 평소 갈고 닦은 기술이 제대로 사용되었을 뿐입니다. 상식적인 행동이었습니다. 기적이라고 말하고 싶다면 골리앗 앞에서도 두려워 하지 않는 그의 담대함과 믿음입니다. 어린 나이에도 불구하고 그는 하나님의 능력을 절대신뢰하는 사람이었습니다. 그의 인생에는 신기함보다 신비가 가득합니다. 장인어른이 죽이려 하는 고통속에서 그는 찬송을 멈추지 않았습니다. 어떻게 그는 십여년의 고통스런 인생을 견딜 수 있었을까요? 가까운 이들이 다 떠나고 형제부모도 위로가 아닌 고통이 되었을 때 어떻게 원망하지 않았을까요? 아내 미갈을 빼앗기고 다른 남자에게 시집을 다시 갔을 때 그 분노는 어떻게 다스렸을까요? 다윗에게 기적은 바로 이런 고통 때문에 무너지지 않고 하나님의 신비 속에 살았다는 것입니다. 결국 목동이 왕이 되는 기적이 일어납니다. 신기한 기적은 하나도 없었지만 신비한 기적은 가득했던 사람이 바로 다윗입니다.

우리는 신기함을 찾아다닙니다. 신기한 신앙을 찾으러 여러 부흥회를 기도원을 찾아다닙니다. 하지만 신기함은 본래 휘발성입니다. 금새 사라질 것입니다. 시간이 지나서 그럴수도 있고 특별하지 않다는 것을 알게 되면서 사라질 수도 있습니다. 예수님의 제자들은 기적을 두 눈으로 보았고 설교도 직접 들었습니다. 하지만 신기함에 두었던 제자들의 마음은 금새 휘발되어 변해버립니다. 등 돌릴 뿐만 아니라 심지어 스승을 팔아먹고 배신합니다. 기적을 본다고 믿음이 생기는 게 아닙니다. 그렇게 생긴 믿음은 안전한 것이 아닙니다. 휘발될 잘못된 기초위에 서 있는 위험천만하며 배신이 예정된 위험한 신앙입니다.

◉ 일상의 신비는 가득합니다

신비는 매일 매일 일상의 곳곳에 가득합니다. 안보인다고요? 우리 눈을 가렸기 때문입니다. 우리 욕심과 욕망이 두 눈을 가립니다. 40년간 일상이 된 만나를 먹으며 살던 이들에게는 신기함이 사라졌고 심지어 신비 조차도 보지 못합니다. 그러나 어느날 갑자기 눈이 열리는 날 깨닫게 됩니다. 일상이 신비였고 지금껏 신비를 누렸음을 알게 됩니다. 먹고 자고 숨쉬는 일상에 신기도 신비함도 없었는데 병원에 누워 꼼짝 못하게 되는 순간 깨닫게 됩니다. 일상의 은혜를 기적을 알게 됩니다. 침대에 누워 단 한번이라도 자기의 발로 걸어서 화장실을 가봤으면 하는 환자에게 걷는다 용변본다는 일상은 기적입니다. 침상에 누워 아무것도 먹지 못하고 내 손으로 숟가락도 들지 못하는 환자에게 내 손으로 먹고 맛을 보고 것은 일상이 아닙니다. 기적입니다. 우리는 매일 그 기적을 누리면서도 우리는 기적을 깨닫지 못했습니다.

　신기함은 믿음의 기초가 될 수 없습니다. 그렇게 이뤄진 믿음은 아주 위태위태합니다. 어느날 갑자기 가룟유다가 되려고 작정한 믿음일테니까요. 믿음의 기초는 신비입니다. 하나님이 부어주시는 은총이 일상에 내 삶에 가득함을 깨달으며 알게 되는 신비입니다. 숨쉬고 걷고 뛰고 가정이 있고 사랑이 있음을 알게 되며 감사하게 되는 신비입니다. 신기보다 신비를 숨쉬고 싶습니다. 신기보다 신비함을 알고 싶습니다.

하지만 불행히도 소음이 가득합니다.

하늘의 울림은 크고 분명하고 명백한데 우리 속에서,

교회 안에서, 사회 속에서 시끄러운 노이즈가 가득합니다.

조화하지 못한 노이즈가, 서로 싸우는 노이즈가,

분노하는 노이즈가 가득합니다. 태초부터의 울림은 우리

가슴과 영혼에 메아리 치고자

하지만 사람의 소음이 너무 큽니다.

4. 소음, 소리 그리고 메시지 :
신앙에 이르는 3단계

'태초에 울림이 있었다.

울림이 발하니 곧 존재가 되니라.'

기독교와 울림은 아주 밀접합니다. 하나님은 태초에 로고스의 울림을 발하셨고 즉시 그 울림을 통해 카오스는 코스모스(질서)가 되었습니다. 빅뱅과 같은 시공간의 시작은 울림과 함께 더불어 시작된 것입니다.

이렇게 시작된 울림은 현재까지도 매일 세상에서 울렸고, 주일마다 교회에서도 울리고 있습니다. 지금의 울림은 태초의 울림의 메아리이고 메아리의 메아리가 계속 돌멩이 하나가 만든 물파장처럼 퍼져나가고 있습니다. 우리는 지금도 그 울림과 잔향을 통해 하나님의 소리를 듣습니다. 자연을 통해서 울리고, 성경과 교회전통을 통해서 울리고, 양심을 통해서 울리고, 아름다움을 통해서, 진리를 통해서도 울려퍼집니다.

하지만 여기에는 한가지 문제가 있습니다. 그 울림을 우리가 제대로 듣고 있느냐는 것입니다. 태초부터 지금까지 오랫동안 울리고 있지만, 우리 양심에도 신앙에도 아름다움에도 울리고 있지만, 우리는 그 울림을 제대로 알지 못하는 때가 더 많습니다. 오히려 울림이 없다고 불평하지요. 울림은 모두에게 동일하지만 듣는 이에 따라 세가지로 들립니다. 소음(noise), 소리(sound), 메시지(message)입니다.

◉ 소음 Noise

하늘의 울림은 메아리칩니다. 역사라는 시간과 우주라는 공간을 가로질러 끝없이 외치고 파장은 퍼져갔습니다. 하지만 모두가 그 울림을 들은 것은 아닙니다. 그 울림이 이해되지 않고, 들리지 않아 소음으로 치부해 버리기도 합니다. 소음은 들어도 이해되지 않고 강제되는 울림입니다.

예수님도 이렇게 듣지 못하는 사람들이 답답하셨습니다. 그래서 이렇게 말씀하셨습니다.

"너희가 눈이 있어도 보지 못하며 귀가 있어도 듣지 못하느냐 또 기억하지 못하느냐" 마가복음 8:18

"귀있는 자는 들을지어다" 마태복음 11:15

귀가 있다고 다 듣는게 아닙니다. 귀가 있고 듣기는 하는데 하나도 듣지를 못합니다. 아무리 말씀하시지만 제대로 듣지 못합니다. 소음으로만 들리기 때문입니다.

아무리 많은 정보가 그 울림 속에 있어도 소음에게는 아무것도 아닙니다. 생사를 가를 의학적 지식이어도 이해되지 않으면 시끄러운 소음입니다. 수많은 설교가 인터넷에 넘쳐나고 성경책은 서점마다 가득하지만 이해되지 않으면 소음입니다. 현대인은 수많은 정보 한가운데서 멈춰버린 아이같습니다. 마치 사거리를 무단횡단하다가 신호를 이해못해서 갑자기 중간에 서버리고 사방에서 울리는 경적 "소음" 한가운데서 두려움에 질려버린 아이 같은 모습입니다.

글자로 치면 낙서에 해당합니다. 문자를 모르는 것을 문맹이라고 부릅니다. 소음은 문맹과 같습니다. 글자가 아무리 많은 정보를 담고 있고 생사를 좌우할 이야기를 품고 있어도 글자를 읽지 못한다면 아무 소용없는 "낙서" 덩어리들일 뿐입니다. 들리지 않는 신앙 역시 소음입니다. 수많은 교회와 설교가 울림을 메아리치지만 그 울림이 마음에 들리지 않습니다. 우리와 관계없는 신학적 소음이 너무 많고 엉뚱한 돈 이야기나 나오는 소음뿐입니다. 찬송소리는 높아지고 신학생과 설교자도 늘어났는데 그럴수록 더 소음 데시벨만 높아지고 사회의 반발만 많아집니다. 불행히도 교회의 소리가 하늘의 진리의 울림이 아닌 소음이 된 것입니다. 라디오의 주파수가 맞지 않아서 지직 지직 소리만 들리듯이, 우리는 하늘의 울림을 듣고 싶지만 소음섞인 소리를 듣고 있고 그 속에서 하늘의 울림을 분별하기도 쉽지 않게 되었습니다.

◉ 소리 sound

하늘의 울림이 들리지 않는게 소음이었다면 들리기 시작하는 첫 단계는 소리입니다. 소리는 이해되지 않는 소음이 하나님의 음성으로 인식되는 울림입니다. "앵-앵-"하고 우는 싸이렌 소리 자체는 아

주 시끄러운 소음입니다. 하지만 그 소음이 앰뷸런스에서 나오는 것
이라면 소음이 아니라 "소리"입니다. 긴급한 환자가 있다는 응급상
황을 알리고 양보해달라고 하는 신호입니다. 또한 더 이상 시끄러운
소음이 아니라 인명을 구하는 아름다운 소리라는 미적 사회적 가치
까지도 획득하게 됩니다.

소리와 소음의 관계는 글자로도 비교할 수 있습니다. 아무리 훌륭
한 문자와 문장이 있어도 그것을 읽지 못하는 문맹에게는 낙서입니
다. 소리로 치면 소음이지요. 하지만 문맹을 벗어나 글을 읽게 되는
순간 낙서는 글자가 되고, 낙서덩어리들은 지워버려야 할 대상이 아
니라 책으로 태어나게 됩니다. 그 속에 수많은 사연과 이야기를 담은
책이 되는 것입니다. 낙서가 글자가 되는 순간이 바로 소음이 소리가
되는 순간과 같습니다.

신앙도 소음과 소리가 있습니다. 하나님의 음성을 알지 못하고 제
대로 전달 못하면, 이 같은 소음도 없습니다. 하나님의 소리가 안들
리는 드럼과 찬양, 목소리는 크지만 하나님의 음성없는 설교는 비교
할 수 없는 소음입니다. 하지만 신앙과 성경이 읽어지고 이해되기 시
작하는 순간부터 울림은 소리가 됩니다. 이때부터 시끄러운 소리가
아니라 우리에게 말씀하고 지시하고 가르치는 소리가 됩니다. 소음

 믿음, 그 설명할 수 없는 것들

을 넘어서면 음성이요 소리요 또한 문자이기도 합니다.

신앙의 울림이 더 이상 소음이 아니라 소리가 되었으면 좋겠습니다. 작은 소리여도 짧은 설교여도 하늘의 울림이 우리 마음 깊은 곳까지 내려가 감동주는 변화를 주는 음성이 되면 좋겠습니다. 너무나 살아있는 소리에 목마릅니다. 너무 소란스러운 소음에 지쳤습니다. 이제는 조용하더라도 안들리는 듯하지만 들리는 세미한 소리로 속삭여주는 하늘의 소리가 들렸으면 좋겠습니다.

◉ 메시지

기막힌 요리법을 알았다고 음식이 나오는 것은 아닙니다. 멋진 데이트 상대를 만났다고 당장 다음날 결혼하고 아이를 갖는 것도 아닙니다. 소리 역시 마찬가지입니다. 소리를 들었다고 다 된 것이 아닙니다. 울림은 메시지로 이어집니다. 이 단계가 영성의 성숙의 단계이고 믿음이라고 불립니다.

소리라는 것은 알겠다라는 지식과 정보의 영역입니다. 객관적으로 소리나 문자로 들었고 알았고 전달할 수 있다는 것입니다. 인문학이나 자연과학 모두 이 영역에 속합니다. 책과 같은 형태로 결과물이 종합될 수 있습니다. 하지만 신앙은 객관적 문서, 문장으로 머물 수가 없습니다. 믿음은 무엇이다 이렇게 선언했다고 이뤄지는게 아닙니다. 믿음의 언어는 명사보다 동사에 가깝습니다. 계속 움직이고 실천합니다. 상황과 때에 따라 다른 언어로 표현되고 재해석되기도 합니다. 울림은 정보와 객관적 지식이라는 명사적 형태로 존재하지 않습니다. 동사적 형태로 움직입니다. 마침표 찍힌 멈춰버린 교리적 문장이 아니라 역동적인 실존적 믿음과 결단의 모습입니다.

무엇을 안다고 하는 것이 곧 구원은 아닙니다. 학자류의 사람들이 종종 오해하는 것이 많이 알고 내가 알기 때문에 충분한 것처럼 착각합니다. 전혀 그렇지 않습니다. 지식을 알고 있다는 것이지 지식대로 살고 있다는 것도 아니고 그 지식 때문에 잘 산다는 것도 아니기 때문입니다. 믿음은 지식에 바탕을 두지만 지식 안에 갇혀있지 않기 때문입니다. 구원의 길을 아는 것은 신앙인만의 전유물이 아닙니다. 사실 이미 모두가 알고 있습니다. 무엇을 믿고 어떻게 살아야 하는지 교과서에서 교회에서 듣지 못한 사람은 별로 없을 것입니다. 심지어 사탄도 그 지식을 갖고 있습니다. 예수님이 하나님의 아들이라는 것을 사탄도 압니다. "나는 당신이 누구인지 압니다." 사탄이 크게 떠벌린 말입니다. 예수님 당대에 그 위대한 설교를 직접 들은 사람은 많았습니다. 하지만 반응은 상이했습니다. 설교를 들은 절반은 믿었습니다. 하지만 또 다른 절반, 율법사와 바리새인 등은 예수님을 미워하고 죽이고자 음모를 꾀했습니다. 예수님의 설교에도 이렇게 반응이 달랐습니다. 똑같이 지식을 얻지만 음성을 듣지만 반응은 상이합니다. 들었다고 안다고 지식이 많다고 믿음을 갖게 되는 것은 아닙니다. 믿음은 앎을 필요로 하지만 그 앎과 지식만으로 구원받진 않습니다.

글자를 못 읽는 것을 문맹이라고 부릅니다. 현재 우리나라는 엄청난 교육열로 인해서 대다수의 사람들이 글을 읽을 수 있습니다. 하지만 놀랍게도 새로운 문맹이 나타났습니다. 실질문맹이라는 것입니다. 실질문맹이란 글자를 읽을 수 있느냐를 묻지 않고 그 의미를 아느냐를 묻습니다. 예를 들어 약통 겉면의 사용서에 나오는 최대복용량과 시간을 읽고 이해하느냐는 것입니다. 신문에서 달러강세 기사를 읽고서는 그 기사가 말하는 한국경제에 끼칠 영향을 이해하느냐는 것입니다. 단지 글자의 독해가 아니라 내용의 독해가 되느냐는 것이지요. 우리나라 같은 경우 학력은 높은데 실질문맹률도 높습니다. 높은 교육열에도 불구하고 실질 교육은 오히려 퇴보하는 중이다 평가합니다. 신앙에도 실질문맹률은 관계가 깊습니다. 인터넷 등의 정보 덕분에 많은 교회 안팎의 성도들도 신학자들 만큼의 기본적 신학지식과 성경지식을 가졌습니다. 하지만 이런 지적 일반화에도 불구하고 신학은 더욱 가벼워지고 삶과는 아무 관계없는 저 구름 위에 세워진 지식처럼 존재합니다. 지식은 많아지지만 아무 소용이 없고 아무 변화도 주지 않습니다. 신학과 신앙의 깊은 의미와 영향력은 사라지고 옛날 오래된 지식만 남아서 녹음기처럼 같은 소리만 반복하고 있습니다. 심지어 어느 신학교수는 자신의 강의 토씨까지 따져서 점수를 줍니다. 특정신학학파의 교리가 성경보다 더 위에 서 있는 것입니다. 왜 이런 말이 등장했고 어떤 눈물이 있었으며 지금도 동일한 의미가 있을지, 혹은 다르게 이해하고 재해석해야 하는 것은 아닌지에 대해 아무런 의문이 없는 것입니다. 목회 현장에서도 동일합니다. 항상 동일한 주제만 설교합니다. 헌신하라 헌금하라 기도하라…하지만 왜 그렇게 했었고 지금은 어떤 의미가 있는지 어떻게 재해석해야 하는지 …고민은 없습니다. 이것이 종교문맹, 신앙문맹 입니다. 이런 신학지식이나 설교문은 사탄도 만들 수 있고 알고 있을 겁니다. 얼마나 성경퀴즈를 잘 푸는가가 필요한게 아니라 지금은 그 속에 담겨있는 눈물, 사랑, 공감이 필요합니다. 지식의 높이가 아니라 그 지식의 깊이가 이해되고 독해되어야 하는 것입니다. 이것을 메시지라 부릅니다.

울림을 메시지로 듣고 해석하는 중요한 노력 중에 큐티(Quiet Time)라는게 있습니다. 큐티는 매일 매일 성경을 읽고 묵상하고 생

 믿음, 그 설명할 수 없는 것들

각하고 적용하는 자신만의 시간을 뜻합니다. 많은 성도들이 실천하는 큐티는 단순하게 착하게 살려고 오늘도 윤리적으로 살자는 성경 찾기가 아닙니다. 큐티는 오늘의 나를 향한 메시지입니다. 수천 년 전의 성경말씀이 지금 나에게 어떻게 말씀하시고 무엇을 명령하시는가를 실존적으로 묻고 듣는 것입니다. 어떤 신학자나 목사가 무슨 설교를 했든 관계없이 지금 나의 상황(고통, 기쁨, 직장, 학업)에 주시는 하나님의 음성이 있음을 믿으며 읽고 귀 기울이는 것입니다. 이것은 성경을 소리로 듣는 것을 넘어서 메시지로 듣는 것입니다. 메시지는 실존적이고 직접적입니다. 그래서 어떨 때는 직접적인 위로요 격려입니다. 눈이 열리고 귀가 열리는 깨달음의 시간이기도 합니다. 하지만 또 다른 때에는 준엄한 꾸중과 사랑의 명령이 역사하기도 합니다. 성경을 문자의 모음집인 지식의 책으로 두지 않고 살아있는 메시지로 보기 때문에 큐티가 가능합니다.

하늘의 울림을 귀가 아닌 영혼으로 듣게 되면 어떤 일이 생길까요? 무릎을 치며 듣습니다. 자신도 모르게 "아하" 혹은 "아멘" 하며 감탄하게 됩니다. 기존의 생각이 깨진 것입니다. 그래서 가슴이 뜨거워집니다. 우리의 큐티와 말씀, 묵상생활은 이러한 메시지를 듣는 시간입니다. 객관적인 메시지가 아니라 주관적이며 실존적인 나를 향한 메시지를 듣는 시간입니다.

하지만 불행히도 소음이 가득합니다. 하늘의 울림은 크고 분명하고 명백한데 우리 속에서, 교회 안에서, 사회 속에서 시끄러운 노이즈가 가득합니다. 조화하지 못한 노이즈가, 서로 싸우는 노이즈가, 분노하는 노이즈가 가득합니다. 태초부터의 울림은 우리 가슴과 영혼에 메아리 치고자 하지만 사람의 소음이 너무 큽니다. 우리는 높이가 아니라 깊이로 가야 하는 시대를 삽니다. 깊이가 결여된 높이는 무너집니다. 깊이가 있어야 높이도 있습니다. 수많은 노이즈 앞에서 소망합니다. 하늘의 울림이 다시 메아리치길, 하나님의 음성이 내 안에서 메시지로 살아나길 간절히 바라게 됩니다.

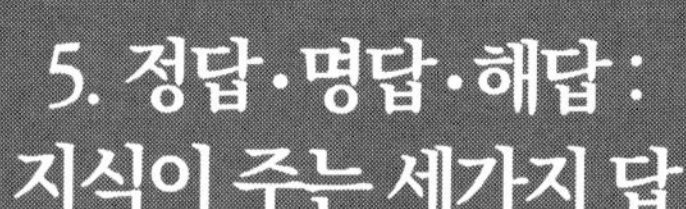

5. 정답·명답·해답:
지식이 주는 세가지 답

신앙의 답은 오답일 수도 있습니다.

틀리게 말할 수도 있습니다. 하지만 성급하게 정답과

명답으로 끝나서는 안됩니다.

정답 · 명답 · 해답 :
지식이 주는 세가지 답

사상, 과학, 종교는 답을 추구하고 답을 제시합니다.

그리고 그 답은 너무나 많고 다양합니다.

이 답을 정답·명답·해답으로 분류할 수 있습니다.

◉ 오답

예수님과 바리새인이 식사하는 중요한 환담자리에 초대받지 않은
여자가 들어왔습니다. 그리고 갑자기 엎드려 예수님의 발을 붙잡고
눈물을 쏟습니다. 당혹스런 순간입니다. 아니 여자가 외간 남자 발을

붙들고 운다니. 이런 불경한 장면이 있을까요? 더군다나 이 여자는 행실이 나쁘다 소문나 있습니다. 이런 여자를 내버려 두는 예수님을 보고 유력인사인 시몬은 생각했습니다. '저 여자는 죄인이다. 자기 인생을 스스로 저렇게 만든 죄인이다. 율법대로 살았어야지. 율법이 진리야.' 라는 정답을 말합니다. 시몬에게는 이렇게 살아야지 하는 정답이 있습니다. 정답이라 생각했을 겁니다. 하지만 여인과 예수님에게는 정답이 아니었습니다. 율법적으로는 정답이었지만 예수님에게는 오답이었습니다. 시몬의 정답은 이 여인의 눈물을 하나도 이해하지 않고 있었습니다. 이래야 한다 저래야 한다 라는 당연한 말들, 누가 못하겠습니까? 정답일지 모르지만 눈물을 이해못하는 정답은 오답입니다. 정답이라고 내놓는 답은 많지만 얼마나 오답이 많은지 우리가 대하는 과학, 인문학 등의 지식은 여러가지 답을 제시합니다. 세가지로 생각해 보고 싶습니다.

◉ 정답

먼저 정답이 있습니다. 수학문제에는 정답이 존재합니다. 딱 정해진 답이 있습니다. 하지만 인간문제에서는 어떨까요? 인생문제에는 정답보다는 오답이 더 많습니다. 정답을 이야기해주면 다들 이렇게 답할 것입니다. '누가 몰라서 안하나? 누가 안하고 싶어서 안하나?' 공부 해도 성적이 안나오는 아이에게 더 공부하면 된다고 말하는 것은 정답입니다. 하지만 오답입니다. 갈등하는 부부에게 서로 사랑하라고 말해주는 것은 정답입니다. 하지만 오답입니다. 몰라서 못하는게 아닙니다. 알지만 못하는게 있습니다. 알지만 안되는게 있습니다. 자녀를 잃고 우는 부모에게 어떤 이들은 종종 이렇게 말합니다. "간 사람은 간 것이고 남은 사람은 살아야지" 혹은 "죽음이 끝이 아니에요. 부활의 소망이 있잖아요" 말은 맞습니다. 하지만 이런 정답은 아픔에 대한 고려가 없습니다. 정답에는 공감이 없습니다. 지적능력만 있지 해결능력은 없습니다. 정답은 맞는 말입니다. 하지만 차갑습니다. 공감이 없기 때문입니다. 구경꾼의 훈수처럼 축구중계를 보며 그것도 못하냐고 소리치는 시청자처럼 말하기 쉬운 것이 정답입니다. 하지만 그 속에는 못하는 사람에 대한 공감이 결여된 답입니다.

◉ 명답

수학에 있는 답이 정답이라면 인간문제에 대한 답, 명답이 존재합니다. 명답은 아 그렇지 라고 하며 무릎치게 하는 답들입니다. 고전이라 불리는 책들이 왜 고전으로 오랫동안 전수될까요? 명답이기 때

 믿음, 그 설명할 수 없는 것들

문입니다. 인문학이 추구하는 것은 명답입니다. 정답 중에서도 정답이 명답입니다. 근거있고 유명한 성인이 말했고 누구나 공감합니다. 하지만 명답은 그냥 유명한 답일뿐. 어떤 상황에서는 더 공허하기까지 합니다. 명품입은 사람보고 와 명품이다 하겠지요. 하지만 보통 사람들에게는 아무런 상관이 없습니다. 그냥 경외심 같은 감정으로 보는 물건일뿐입니다. 명답 역시 기막히고 멋진 말의 퍼레이드이고 경외심으로 바라볼 대상일뿐 내 문제의 해결은 아닙니다. 어느 쇼핑몰에 가면 거대한 도서관이 존재합니다. 하지만 사실은 도서관이 아니라 책 같이 생긴 것들을 도배한 것입니다. 거기에는 책이 없습니다. 있어도 아무도 빼서 볼수 없습니다. 그냥 어마어마한 규모로 책들의 흔적 혹은 사진들을 붙여놨을뿐 입니다. 인문학이라고 붙인 철학 혹은 신앙의 이름으로 팔리는 책에는 명답이 가득합니다. 하지만 가장 공허합니다. 보기에 좋을 뿐, 규모에서 압도당할 뿐 아무런 상관이 없으니 말입니다.

◉ 해답

오답이 넘치는 인생 속에서 정답의 제시는 너무 건조하고 명답들은 그냥 거기있을 뿐 나랑 관계가 없지요. 우리에게 필요한 것은 어떤 답일까요? 저는 해답이라고 생각합니다. 해답이란 해를 주는 답이 아니라 해결하는 답입니다. 우리는 꼬여버린 우리 인생문제를 해결해주는 답이 필요합니다.

서론에서 소개한 예수님과 바리새인의 식사자리에서 예수님은 해답을 제시하십니다. 난입한 불청객 여인에게 예수님이 보여주신 것은 침묵과 공감과 편들어 주심이었습니다. 아무런 말도 안하는 예수님의 행동은 율법적 답을 알고 있던 바리새인에게는 오답투성이였고 문제들이었습니다. 예수님은 뻔한 정답으로 여인을 꾸짖지 않고 참석자들 마음에 드는 종교적 가식을 보여주지도 않았습니다. 덕분에 반감만 사셨죠. 하지만 바로 그 오답이 여인에게는 해답이었습니다. 사람들 눈에는 오답이었는데 그게 여인의 묵고 얽힌 마음을 풀어주는 해답이었던 것입니다. 그래서 여인은 예수님 발 아래에서 울며 자신의 머리카락을 풀듯이 문제를 풀어갑니다.

믿음은 쉽게 맞는 말만 하려고 하면 안됩니다. 정답을 냉큼 던져주며 이대로 못사냐고 꾸짖는 의인놀이를 하면 안됩니다. 너무나 쉽게 믿음이 부족하다고 말하고, 계명을 지키면 된다고 답을 제시하는게 믿음 역할 아닙니다. 가벼운 정답은 가벼운 오답보다 못할 수도 있고 심지어 명답마저 더 아프게 하고 고통스럽게 하는 오답이 될 수도 있습니다. 여인의 눈물에 필요한 것은 시몬의 정답도 아니고 명답도 아닙니다. 눈물속의 아픔을 알고 죄사함과 구원을 주던 해결의 답(해답)이 필요했습니다.

폭력같은 율법적 오답의 공격 속에서 울고 있는 여인에게 해답이란 그 눈물을 같이 울어주며 기다려주며 침묵해주는 것이었습니다. 우는 소리로 시끄럽지만 눈물로 축축하지만 여자 때문에 부담스럽지만 그 시간을 버텨주는 것이었습니다. 예수님은 한번도 쉽게 정답으로 건너 뛰신 적 없습니다. 변화되지 않는 사람들을 보며 답답해하시고 분노하기도 하시고 울기도 하셨습니다. 십자가에서 고난당하고 죽음을 맞지만 그때에도 쉽게 바로 부활로 건너 뛰신 게 아니라 무덤의 시간을 가지셨습니다. 성토요일이라 부르는 무덤속의 침묵과 죽음의 처참한 시간을 인고하셨습니다. 그 이후 부활의 시간을 가지셨습니다. 우리는 성토요일의 시간을 거치지 않고 침묵과 고통의 시간을 거치지 않고 바로 답을 주려고 합니다. 인내하지 못합니다. 빨리 정답을 제시하고 싶어합니다. 이런 정답은 조급한 시간이고 살리는 시간이 아닙니다.

신앙의 답은 오답일 수도 있습니다. 틀리게 말할 수도 있습니다. 하지만 성급하게 정답과 명답으로 끝나서는 안됩니다. 눈물의 인고

를 알도록 기다려야 하고 땀의 무게를 느끼기까지 견뎌야 하고 수많
은 문제들 오답을 들으면서도 기다려주고 편들어주고 판단하지 않
는 시간을 갖는 것입니다. 우리는 해답을 기다려야 하지 않을까요?
울고있는 형제를 보며 쉽게 정답을 던져주지 말고 기다려야 하지 않
을까요?

 믿음, 그 설명할 수 없는 것들

6. 죽음과 죽임 : 죽임의 문화 속에서 살아가기

죽음과 죽임은 다릅니다.

죽음이 자연적인 현상이라면 죽임은 강제적이며

인위적이며 사회적입니다.

죽음은 생명의 싸이클의 일부분입니다.

생명과 대척점에 있는게 아닙니다.

죽음과 죽임 :
죽임의 문화 속에서 살아가기

죽음(dying)은 내가 "죽어서" 남이 살게 되는
생명의 법칙입니다. 하지만 죽임(killing)은 남을 "죽여서"
내가 사는 악인의 법칙입니다.

인구가 줄어드는 것을 민감하게 체감하는 곳 중 하나가 목사일 겁니다. 목사로서 매년 수십명의 장례 혹은 조문예배를 치뤘습니다. 하지만 결혼식 주례는 별로 가지 못했습니다. 제가 인기가 없는 목사라서 그런 것도 있지만 결혼할 젊은층이 얇아지고, 결혼식을 미루는 것이 일반적이기 때문이기도 합니다. 결혼과 장례는 비슷한 의례지만 조금 특성이 다릅니다. 결혼은 두 사람의 결합을 축복하기도 하지만 종교적으로는 신적 계약의 확증입니다. 두 사람은 하나님이 맺어주셨다는 계약서에 도장찍는 겁니다. 결혼은 자기의 의지에 따라 선택적으로 할 수 있지만 장례는 누구도 피할 수 없는 필연적 과정입니다. 그래서 그런지 죽음에 있어서는 아직도 목사가 많이 필요한 것 같습니다. 교회를 다녀도 목사를 찾고 다니지 않아도 목사를 찾기도 합니다. 이렇게 자주 장례를 치루면서 인생의 생사를 생각하게 됩니다.

◉ 죽음과 죽임은 다릅니다.

"죽음"은 자연현상이며 하나님이 만드신 법칙이지요. 아무리 신앙 좋은 사람도 죽습니다. 모든 식물들은 꽃을 피우고 열매 맺는 때가 있지만 그 다음에는 화려함도 지고 마르고 사라지는 때가 있습니다. 인간 역시 동일한 법칙을 따릅니다. 반드시 죽는 때가 옵니다. 하지만 너무 의지가 강한 인간이란 존재는 이 자연현상을 받아들이지 못합니다. 동양에는 죽음을 거부하고 18만년을 살았다는 동방삭 이야기가 있습니다. 서양에도 죽음을 피한 자가 있습니다. 바로 이름이 익숙한 시지프스입니다. 알베르 까뮈의 소설 때문에 유명해진 이름 이지만 그는 사실 죽음을 동방삭처럼 피한 인간입니다. 죽음의 신 타나토스를 가두어 죽음을 피하고 지옥에 끌려가면서도 꾀를 부려서 지옥에서 돌아옵니다. 결국 죽음을 피한 것이지요. 덕분에 나중에는 바위를 밀고 산정상에 올랐다가 굴러 떨어진 바위를 다시 끌고 올라가야 하는 벌을 받게 됩니다. 신을 조롱하던 시지프스나 동방삭 모두 죽음을 피합니다. 인간의 본심 속에는 죽음을 기피하고 넘어서려는 욕망이 잠재한 것 같습니다.

'죽음(dying)'과 '죽임(killing)'을 구분하여 이해할 필요가 있습니다. 죽음이 자연적인 현상이라면 죽임은 강제적이며 인위적이며 사회적입니다. 죽음은 생명의 싸이클의 일부분입니다. 생명과 대척점에 있는게 아닙니다. 죽음도 생명에서 왔고 생명으로 가는 여정 중에 반드시 거치는 길이며, 죽음이 있어서 생명이 있는 것입니다. 죽음은 하나님의 법칙 중 하나이고 결국 이뤄질 자연스러운 일입니다. 하지만 죽임(killing)은 다릅니다. 누군가의 피와 눈물 속에서 자신이 생존하려는 악입니다.

◉ 죽임(killing)이 등장

에덴동산에 사는 동물들은 영원히 살았을까요? 그랬다면 금새 개

체과다로 식량부족으로 자기들끼리 잡아먹고 싸우고 스스로 붕괴했을겁니다. 에덴동산에도 죽는 동물은 있었을 겁니다. 그리고 이후 하나님이 인간에게 동물들을 잡아먹으라 하신 것을 보면 죽음이 있습니다. 하지만 이것은 비극으로 여기지 않았습니다. 자연스러운 과정이었습니다. 동물만 죽을까요? 아닙니다. 식물도 시들고 죽었을거고, 죽지않는다면 미생물은 어떻게 생존했겠습니까? 하지만 죽음이 죽임으로 왜곡 되기 시작합니다. 바로 가인의 살인에서 등장합니다. 동생을 질투하고 돌로 쳐죽입니다. 이것은 악한 일이며 죄입니다. 이 때부터 부자연스럽고 인위적이고 인간들만이 저지르는 죽임이 등장하고 이후 죽임의 문화와 권세가 지배합니다. 가인의 후손인 라멕(창 4:23-24)은 자신은 복수의 화신이라고 외칩니다. 날 건딜면 죽여서 갚겠다고 큰소리 칩니다.

우리 사회의 역설 중 하나는 병원의 아픈 분들은 살겠다는 의지를 불태웁니다. 고통속에서도 견디고 더 좋은 약을 찾습니다. 하지만 건강한 젊은이들이 몸이 건강한데도 스스로 목숨을 포기합니다. 이것은 죽음이 아닙니다. 죽임입니다. 수많은 젊은 목숨들이 죽임을 당합니다. 심지어 자살조차도 강요된 죽임입니다. 강제된 공부와 갑질과 괴로움 속에서 우리의 정신과 마음 영혼은 죽임을 수없이 당하고 있습니다.

얼마전 한 수업에서 30대에서 50대 학생들에게 물었습니다. 인생을 다시 되돌리고 싶습니까? 언제로 돌아가고 싶습니까? 저는 10대의 젊은날, 혹은 20대로 가고 싶어할 줄 알았습니다. 그런데 대부분 원치 않았습니다. 가만 생각해보니 10-20대는 캄캄했습니다. 대학 입시, 취업준비, 군대 이런 것을 다시 겪는다구요? 안하고 싶습니다. 한국에서 젊은날은 아름답고 기쁘고 즐거운 날이 별로 없는 거 같습니다. 대신 죽임의 신이 배회합니다. 독수리가 공중에서 죽어가는 먹이를 노리고 빙빙 돌듯이 죽임의 문화와 죽임의 신이 배회합니다. 그리고 그것을 보면서도 우리는 막지 못하고 살아갑니다. 살아서 숨쉬고 있으나 이미 죽어버린 사람들 속에서 살아갑니다. 비극입니다. 이미 다 죽어버렸습니다. 좀비들만 가득합니다. 걷고 뛰고 일하지만 마음은 죽었습니다. 할 수 없이, 먹고 살려니 출근하고 밥을 먹을 뿐입니다. 마음은 하고자 하는 의지도 소망도 잃어버린체 살아갑니다.

◉ "죽어야"와 "죽여야"

하나님의 질서 속에서 죽음은 육신의 죽음 뿐만 아니라 우리가 반드시 겪어야 하는 한 부분입니다. 바울은 외쳤습니다. "나는 날마다 죽노라!" 날마다 죽는 자가 사는 자입니다. 이때 죽는 것은 쌩짜배기 우리 자아입니다. 너무 생생하게 살아있어서 오히려 죽어가게 만드는 우리안의 거짓들, 그것은 죽어야 합니다. 죽어야 하는 것은 죽어야 합니다. 그래야 사는 것입니다. 그래서 신앙은 공통적으로 "죽어야" 산다는 믿음을 갖습니다.

하지만 죽임은 반대입니다. 죽임은 주장합니다. "죽여야" 내가 산다. 자신이 죽지 않고 남을 죽입니다. 의학에서는 암이라 부르고, 학교에서는 왕따라 부르고 성인들의 세계에서는 총칼의 전쟁과 경제전쟁이라고 부릅니다. 충성심과 애국심 등으로 이름 붙인다 하더라도 결국 남을 죽여 내가 사는 것은 죽임이며 이런 목적을 지지하는 종교는 신앙이 아니라 미신입니다. 참 신앙은 자신이 죽고자 하지 남을 죽이지 않습니다. 그러고보니 이 땅에는 미신이 너무 많습니다.

죽임에는 폭력을 동반합니다. 죽음은 아픕니다. 내 속의 거짓 자아를 죽이고 내 못난 성격을 삭이는 과정은 아프고 지난한 과정입니다. 하지만 그것을 나쁘다고 하지 않습니다. 하지만 죽임은 남의 겉과 속을 할퀴고 후벼 파서 기어이 피눈물 나게 만드는 폭력입니다. 이런 폭력이 일반화되고 당연시 될수록 현세의 지옥이 됩니다. 한국 사회를 헬조선이라 부르고 헬반도라고 부르는 것은 그만큼 유무형의 폭력이 난무한다는 뜻입니다. 너무나 많은 눈물이 흐르고 있고 흘리게 만들고 있습니다.

교육과 사회 시스템은 죽임을 장려하고 가르칩니다. 학교에서부터 등수를 매기며 서로를 경쟁, 성공, 돈으로 잘 죽이는 방법을 공부합니다. 초등학교도 좋은 곳, 중고등학교도 좋은 곳을 따집니다. 명문이라고 합니다. 어디가 좋은 곳입니까? 대학 잘 보내는 것이죠. 대학은 왜 갑니까? 좋은 직장가게 하는 것입니다. 그리고 무엇이 좋은 직장입니까? 연봉입니다. 연봉이 "좋은" 학교와 "좋은" 교육을 결정하는 중요기준입니다. 우리의 교육은 인성교육이라든지 정신적 성숙 등을 전혀 가르치지 않습니다. 좋은 학교, 좋은 직장이 목적입니다. 그리고 이 과정에서 나만 살아남으면 된다는 생각을 합니다. 못 따라오는 사람에 대해서 아무런 배려도 없습니다. 버리고 갈 뿐입니다. 그래서 이런 폭력의 피해자들은 몸을 버려 자살하든지, 다른 세계로 피신하는 정신적 도망을 강제 당합니다. 직장이나 사회생활 역시 서로위에 서로가 서도록 강제합니다. 이 모두가 죽임의 문화입니다. 하나님이 처음 만드신 세상에는 "생기" 즉 생명의 운동이 가득했지만, 지금은 죽임의 기운만이 가득합니다.

◉ 성경의 이상한 산수 법칙

남을 죽임으로 내가 산다는 죽임의 법칙속에서 성경의 법칙은 내가 죽음으로 우리가 산다는 새로운 법칙을 전합니다. 한 마리 양이 딴 데로 빠져서 오지 않을 때 목자는 그 한 마리를 찾아서 모든 것을 멈추고 살리러 갑니다. 99와 1중 어느 수가 더 큰 수인가요? 당연히 99입니다. 하지만 목자는 1을 선택합니다. 99마리가 다수이고 돈임에도 불구하고 99를 버려둡니다. 혹시 모를 도둑맞거나 잡아먹힐 위험에 방치하고, 못난 1마리를 찾아서 간 것입니다. 희한한 산수입니다. 우리가 배우지 않은 계산법입니다. 죽임의 수학은 1을 버리고 99를 선택할 것입니다. 그게 이익이기 때문입니다. 하지만 하나님의 산수는 1을 위해 99를 버리기도 합니다. 심지어 못난 1을 위해 죽기까지도 합니다. 신앙이 가르쳐 주는 것은 우리가 배우고 알게 된 상식이 깨진다는 것입니다. 초월적이라는 것은 저 우주 안드로메다 어딘가에 천국이 있다는 것이 아닙니다. 말도 안되는 소리를 하면서 초월적이라고 우기는 게 아닙니다. 비상식적 행동을 하고서 부정을 저지르고 초월적 하나님의 일을 사람이 판단한다고 우기는게 아닙니다. 신앙의 초월이란 상식 같은 내가 살기 위해 남을 죽이는 죽임의 법칙이 아니라 말도 안되는 법칙을 따르는 것입니다. 살고자 하면 죽게 되고, 죽고자 하면 살게 된다는 상식을 초월하는 법칙을 따름이 초월적 종교요 신앙입니다.

더 이상 죽임의 교육과 가치 속에서 살수 없습니다. 그럴수록 우리
는 죽습니다. 살아도 죽은 것처럼 살게 됩니다. 살아있는 좀비만을
만들 것입니다. 하지만 죽음도 생명의 한 과정으로 만드는 하나님의
법칙은 우리가 어디에 있으며 문제를 풀기 위해 가야할 곳이 어디인
지 알게 합니다.

7. 급과 격과 벌과 박 : 이거 없으면 짐승이다

천박한 사회가 좋아하는 것은 '급'이고,
성숙한 사회가 좋아하는 것은 '격'입니다. "급"이란
계"급"이라는 단어처럼 상하를 따지고 등급을 따져서
권력을 설장하고 휘두르는 것입니다.

급과 격과 벌과 박 :
이거 없으면 짐승이다

사회는 품"격"대신 급을 따져서 계"급"을 만들고
그런 이들끼리 모여서 파"벌"을 만듭니다. 종교의 문제는
이런 급들을 파괴하는 파"격"을 이루지 못할 때 천"박"해집니다.

◉ '급'이 '벌'이되고 '박'해지다

천박한 사회가 좋아하는 것은 '급'이고, 성숙한 사회가 좋아하는 것은 '격'입니다. "급"이란 계"급"이라는 단어처럼 상하를 따지고 등급을 따져서 권력을 설장하고 휘두르는 것입니다. 혹자들이 말하듯이 우리랑 "끕"이 맞아야지 하는 말처럼 "급"은 위아래를 따집니다. 내신등'급', 사회계'급', 심지어 종교안에서도 집사 장로를 따지는 신'급'도 있습니다. 그리고 급은 반드시 '벌'과 어울리게 됩니다. 공부에서 탁월한 등'급'을 얻은 이들끼리 학'벌'을 만들고 이들은 사회에서 파'벌'을 만들고 군대에서는 군'벌'을 만들고 공무원끼리 모피아라 부르는 관'벌'을, 돈 있는 사람들은 재'벌'을 만듭니다. 이런 급과 벌이 난무하면 그 사회는 더욱 '박'해집니다. 천박해지고 경박하고 야박해집니다. 그래서 경제에서는 천박자본주의라 부르고 사회에서는 졸부라고 부릅니다. 자신과 끕이 맞지 않으면 어울리려 하지 않고 자신보다 더 높은 끕하고만 어울리려 합니다. 회사는 직급을 따지고 군대에서는 계급을 따집니다. 얼마나 천박합니까? 우리 한국사회 문제는 배움이 부족해서가 아닙니다. 항상 '급'으로 판단하기에 문제입니다. 다만 등수와 등급, 계급, 월급으로 자신의 파'벌'을 만들고 지키려 합니다. 하지만 아무리 많이 가져도 아무리 계급과 등급이 높아져도 가질 수 없는 게 있다는 것이지요. 그게 격입니다.

◉ 격은 인격이 되고 품격이 된다

격은 무엇일까요? 급과 비교하자면, 급은 보이는 것이라면 격이 보이지 않는 것입니다. 급이 외적이라면 격은 내적입니다. 급이 양적이라면 격은 질적입니다. 급이 상하에 관심한다면 격은 관계에 관심이 많습니다. 인간의 등급 대신 격을 생각하면 그것을 "인격"이라고 부릅니다. 인격을 묻는 것은 사람의 내신등급이나 직급을 보는게 아닙니다. 인격은 그 사람의 보이지 않는 부분을 바라봅니다. 사람이 사람다울 때, 인간의 언행이 그 사회의 가치를 드러낼 때 우리는 인"격"적이다 인격이 있다고 말합니다.

　물건이나 지위에도 격이 있습니다. 이것을 품"격"이라고 부릅니다. 품격은 사람에게도 품격 디그니티가 있다고 하지만 물건이나 지위에는 품격이라 부릅니다. 물건의 상'품'이나 작'품' 등에서 디자인과 쓰임새 등에서 고수준의 문화성이 나타날 때 품격이라고 말합니다. 품격은 품질과는 다릅니다. 품질은 얼마나 잘 만들었느냐 이지만 품격은 품질과 관계없이 물건이 갖는 격입니다. 공장에서 만든 그릇이 예쁠까요? 손으로 만든 그릇이 예쁠까요? 놀랍게도 공장제품이 더 좋습니다. 삐뚤어진 것 하나 없이 깔끔하게 좋은 품질을 유지합니다. 하지만 손으로 만든 것은 삐뚤삐뚤하고 깔끔하지 않습니다. 하지만 누구도 공장제품을 명품이라고 부르지 않을 것입니다. 물품에 격이 있고 자격이 있을 때 명품이라고 부릅니다. 그리고 그 품격에 가격이 붙습니다. 물건의 자격에 어울리는 값이지요. 그래서 물

 믿음, 그 설명할 수 없는 것들

건의 가'격'도 중요하고 사람의 가'격'도 중요합니다. 월급이 적을 때 왜 괴로울까요? 돈이 적어서 괴롭기도 하지만 자신의 월'급'이 자기의 등급 같고 또 자신의 격에 맞는 대우를 받지 못한다고 여기기 때문입니다. 자신의 급이 월급으로 정해지기 때문입니다. 월 2백만원 급도 안되는 인생등급 혹은, 월 1천만원 급의 인생으로 나눠지게 됩니다. 물건에 자'격'이 있으면 품'격'이 있는 것이고 사람이 자'격'을 갖추면 인'격' 있다고 말합니다. 국가가 국력과 관계없이 국민을 대표하는 외부적으로 자'격'을 갖출 때 국격이 있다라고 말합니다. 이러한 격이 없으면 실'격'이라고 말합니다. 인간이 격이 없으면 인간으로서 실격이 되는 겁니다.

◉ 사람에게 "이것" 없으면 짐승이다

창세기를 보면 인간의 재료는 흙이었습니다. 그러면 동물의 재료는 무엇이었을까요? 그냥 말씀이었다고요? 아닙니다. 창세기 2:19에서 "여호와 하나님이 흙으로 각종 들짐승과 공중의 각종 새를 지으시고"라고 말합니다. 들짐승들도 흙으로 지어졌습니다. 인간과 동일한 재료지요. 근본적으로 인간과 동물은 비슷합니다. 하지만 인간에게만 주어진 것이 생기입니다. 생기는 하나님의 영이며 하나님의 형상입니다. 그래서 인간은 다른 동물과 격이 다릅니다. 인격이라고 부를 때, 이것은 인간의 성품만 말하는게 아닙니다. 그의 정신적 영적인 면모도 함께 포함합니다. 인간이 하나님의 형상없이 격을 잃고 천박하게 살게 되면 남는 것은 흙 뿐이며 동물과 동일한 모습입니다. 그래서 옛 어른들이 "이 짐승 같은 놈…" 혹은 "짐승보다 못한 놈아"라고 부른 것은 아주 옳은 말입니다. 사람이 격을 잃으면 동물입니다. 우리 사회에는 정장입고 말을 하는 짐승들이 넘쳐나는 사회입니다. 그러니 얼마나 사회생활이 괴롭겠습니까? 사람같지 않은 짐승들이 넘쳐나니 사람의 격을 유지하며 살려는 사람이 살기가 얼마나 어렵겠습니까?

신앙이란 격을 묻는 것이고 그 격을 회복하는 것입니다. 하나님이 만드신 그 본 모습에 어울리는가? 나는 그 격을 유지하는가? 잃었다면 어떻게 회복할 것인가? 이런 질문을 우리는 알게 모르게 던집니다. 그 답을 얻지 못하면 인생이 곤고합니다. 살아도 산 것 같지 않습니다. 그래서 답을 얻지 못하니 살고 싶지가 않습니다. 이미 속이 죽어버렸기 때문입니다. 그런데 요즘 종교도 자꾸 급을 따집니다. 담임목사의 끔이 우리 역사 깊은 교회랑 맞는지 그 "급"을 따집니다. 박사학위 등의 외부적 "급"이 중요해졌고 몇권의 책을 냈고 인기있는지 급으로 평가합니다. 성도간에도 그 사람의 사회적 "급"이나 교회에서의 장로 안수집사 등의 "급"에 관심을 갖습니다. 목사가 사회적 급이 있는 분만 인사시키고 그런 분들하고만 인사하는 곳이라면 그곳은 더 이상 하나님이 주신 격이 사라진 곳이지요. 더 이상 교회가 아닙니다. 한국교회의 문제는 격을 잃어버렸고 급이 넘쳐나기 때문입니다.

열왕기하 1장에서 아하시야라고 하는 왕이 병이 들었습니다. 오랜 병환속에서 그는 신하들을 시켜서 우상에게 자신의 치료여부를 묻게 하였습니다. 신하들이 그 길을 가다가 엘리야로 추정되는 사람을 만나고 돌아오게 됩니다. 엘리야를 만났고 꾸중을 들어서 차마 더 이상 갈 수 없어서 신하들은 돌아오게 되었습니다. 아하시야왕이 신하들에게 만난 사람에 대해 묻습니다. "그 사람은 어떤 사람이더냐?" (왕하 1:7) 이에 대해 신하들은 답합니다. "털이 많고.. 허리에 가죽띠"를 입었다고 그 특징을 보고합니다. 볼품없는 모습에 패션감각없고 거센 모습입니다. 일상적 직장인의 모습은 커녕 그 이하의 모습입니다. 하지만 이게 정답이었습니다. 왕은 그가 엘리야였다는 것을 확신합니다. 격으로 따지면 털많고 허리에 가죽띠를 띠고 있는 멋도 없는 영 지도자 답지 않고 품격없어 보이는 모습이었지만 오히려 선지자로서의 격이 있었습니다. 사람들이 생각하는 격을 파'격'적으로 부수었고 그 속에 격을 압도하는 하나님의 사람으로서의 격을 채운 것입니다. 그 격은 영적 권위였고 비록 아무런 무력이 없었지만 신하들도 왕도 무시하지 못했습니다. 엘리야는 가진 것 없고 멋도 없는 "급"이 안되는 사람이었지만 격이 있는 사람이었습니다. 선지자다운 품"격"과 인"격"이 있었고 성도다운 성스러운 "격"이 있었습니다. 그 격이 영적 권위를 가져왔고 말씀을 선포하게 한 것입니다.

교회의 문제는 격을 잃어버린데 있습니다. 교회건물은 높지만 영성은 초라하고, 기도소리는 커다랗지만 공허한 소음같고, 헌금을 강조하지만 사랑은 강조하지 않는 이상한 곳이 되었습니다. 교회는 파격의 자리입니다. 세상이 말하는 격을 파'격'하고 세상의 상식을 넘어서는 것입니다. 그래서 교회는 마지막 양심이며 마지막 도피처이며 마지막 격이 있는 곳입니다. 하지만 그 격을 잃을 때 교회는 조직이 되고 목사는 CEO가 되고 헌금은 회비가 되어버립니다. 격을 잃고 급을 따지기 시작할 때, 똑같아 지기 시작할 때 그때를 타락이라고 말하는 것입니다.

8. 체념과 단념 속에 담긴 진리 : 체념을 잘하라

제자는 체념(諦念)을 잘하는 성도입니다.

체념하라고요? 그렇습니다. 신앙이란 체념하는 것입

니다. 체념을 포기와 혼동하지 마십시오. 체념을 사전

에서 찾아보면 단념함이라고 나옵니다.

체념과 단념 속에 담긴 진리 :
체념을 잘하라

체념의 체(諦)는 진리를 가리킵니다.

그래서 체념은 단념이 아니라 본래는 진리를 생각함입니다.

그러나 본질을 생각하기 위해서는 단념이

필수입니다. 잘 단념할 때 제대로 체념이 가능합니다.

◉ 체념과 단념

제자란 누구일까요? 저는 체념(諦念)을 잘하는 성도라고 생각합니다. 체념(諦念)이라구요? 그렇습니다. 신앙이란 체념하는 것이고 좋은 신앙이란 체념을 잘 하는 것입니다. 보통의 경우 체념을 단념하는 것으로만 생각합니다. 맞습니다 포기하는 것입니다. 하지만 더 중요한 뜻이 있습니다. 체념의 체(諦)라는 글자는 철학안에서 종종 진리, 본질 등을 가리키는 말로 쓰입니다. 요체(要諦)라고 할 때나 불교에서 사성제(四聖諦, 4가지 거룩한 진리)라고 말할 때도 같은 체 자를 사용합니다. 이렇게 보면 체념(諦念)이란 체, 즉 진실, 진리, 본질을 깊이 생각한다라는 뜻을 갖게 됩니다. 하지만 체념에는 문자적 의미와 관계없지만 대표적인 뜻이 있습니다. 단념함이라는 뜻입니다. 본래 체념에는 단념이란 뜻이 없어야 합니다. 문자적으로는 진리 체, 생각할 념. 아무리 봐도 단념이라는 의미가 등장할 수가 없습니다. 그런데 단념하다라는 의미가 있습니다. 추측하기로는 본질적 세상(諦)을 살피고 깨닫게(念) 되면 인간이 어찌하려는 노력과 소망을 단념할 수 밖에 없기에 이런 의미가 생겼다고 하기도 합니다. 그럴지도 모릅니다. 운명과 인생이라는 거대한 수레바퀴를 겪게 되면 이간은 포기하고 받아들일 수 밖에 없는 미미한 존재임을 깨닫게 됩니다. 결국 체념 속에 단념이란 뜻이 공존하게 된 것 같습니다.

◉ 단념해야 체념이다

하지만 체념 안에 진리를 생각함과 단념이라는 의미가 공존한다는 역설적 면이 오히려 진리의 성격을 잘 드러내고 있습니다. 진리를 알려면, 본질을 붙잡기 위해서 필요한 것은 무엇일까요? 더 많은 공부와 더 많은 정보와 책일까요? 더 많은 학자들과 연구가 필요할까요? 아닙니다. 체념이란 글자는 오히려 반대로 주장합니다. 본질(諦)을 생각하고 살펴보기(念) 위해서 필요한 것은 더 많은 것 대신 더 적게 해야 한다. 즉 쓸데없는 생각과 부차적인 것들을 끊어버리고 흘려보낼 때 본질을 붙잡을 수 있다고 말합니다.

우리 인생의 문제가 무엇일까요? 우리 인생에 왜 이리 많은 고민들과 어려움들이 따라다닐까요? 무언가가 너무 많다는 것입니다. 너무 많은 일들 때문에 다이어리가 새카맣게 되어 있습니다. 사람들은 항상 '바쁘다'고 말합니다. 바쁘지 않은 사람이 없습니다. 바쁘지 않으면 부끄럽기도 합니다. 왜 우리는 이리도 바쁠까요? 항상 쫓깁니다. 항상 시간이 없다고 합니다. 그 이유는 비본질적인 것들 때문입니다. 본질적인 일들 때문에 바쁜 사람은 없습니다. 진리를 연구하느라 바쁘고 인생을 제대로 사느라 바쁜게 아닙니다. 별거 아닌 일들, 비본질적인 일들 때문에 우리는 항상 바쁩니다. 친구 만나느라 바쁘고, 게임하느라 바쁘고, 밤새워 드라마 정주행해야 하니 바쁘고, 해도 그만 안해도 그만인 일들을 하느라 바쁩니다. 결국 체념을 못합니다. 체념하기 위해서, 진리를 알기 위해서는 반드시 필요한 것이 바로 비

 믿음, 그 설명할 수 없는 것들

본질을 잘라내는 일입니다 　(斷). 그렇게 부수적인 생각들을 잘라
낼 때(斷念) 본질만 남고 진리를 알아가게 되는 것입니다.

◉ 사랑은 체념하는 것이다

체념은 일상속에서 살짝 자신의 모습을 드러냅니다. 남녀관계를
생각해 봅시다. 세상에는 수많은 남녀들이 존재하지만 한 사람과 사
랑에 빠지게 되면 수많은 다른 남녀와의 관계가 단절됩니다. 오직 하
나의 관계만 남습니다. 사실 다 포기하지 않으면 가장 중요한 것을
얻지 못하기도 합니다. 진짜 하나를 얻기 위해서 나머지는 놔버려야
하는 것이지요. 이 사람, 저 사람 다 좋아하면서 사랑할 수는 없습니
다. 사랑은 잘 체념하는 것입니다. 단념을 할 줄 모르면 체념할 수 없
고, 체념할 줄 모르면 사랑을 얻을 수도 없습니다.

◉ 제자는 체념하는 것이다

이는 진리에도 해당됩니다. 진리를 본질을 알고자 한다면 체념해
야 합니다. 성경의 제자란 체념을 위해서 부질없는 생각과 일들을 잘

단념하고 포기함으로 단순화시킴으로서 본질된 하나님의 말씀만을 생각하고 쫓아가는 사람들입니다.

"아무든지 나를 따라오려거든 자기를 부인하고 날마다 제 십자가를 지고 나를 따를 것이니라" 누가복음 9:23

누가복음은 말합니다. 제자란 자기를 단념하고 날마다 오직 체념하는 것입니다. 먼저 자기를 부인(단념)할 때 본질인 십자가(체념)를 붙잡을 수 있습니다. 현대 기독교에 제자 대신 무리가 많은 이유는 자기를 부인하지 못하기 때문입니다. 단념하지 못하니 체념하지 못하는 것입니다. 자기의 감정 욕망 욕심을 단(斷)하지 못하기 때문에 십자가(본질)에 도달하지 못하는 것입니다.

◉ 생각 하라

체념에 있어서 체(諦) 도 중요하지만 념(念)도 중요합니다. 제자가 본질이요 핵심인 예수의 복음을 어떻게 수용할 수 있을까요? 구약에서 이렇게 말합니다.

“어리석은 자들아 너희는 **생각하라**” 시편 94:8

구원받음에 있어 믿음을 강조했던 바울도 외칩니다.
“각 사람에게 주신 믿음의 분량대로 지혜롭게 **생각하라**” 로마서 12:3

“그러므로 **생각하라**” 에배소서2:11

“베뢰아에 있는 사람들은 …간절한 마음으로 말씀을 받고 이것이 그러한가 하여 날마다 성경을 **상고(생각)하므로**” 사도행전 17:11

“내가 말하는 것을 **생각해** 보라” 디모데후서 2:7

성경에 얼마나 생각하라는 말이 많은지 모릅니다. 우리는 좋은 믿음은 무조건 “믿습니다, 아멘”을 외치는 것이라고 생각합니다. 하지만 아닙니다. 바울도 그렇게 말하지 않습니다. 그는 성경 여러 곳에서 ‘생각하라’고 외칩니다. 무엇이 참인지 무엇이 거짓인지 생각해야 합니다. 좋은 믿음이란 무엇을 버리고, 무엇을 남겨야 하는지 생각하고 아는 것입니다.

인생이 복잡하고 꼬일 때는 생각하지 않고 단념, 절단하지 않기 때문입니다. 버릴 것들은 남기고, 남겨야 하는 것은 버리니 문제가 생깁니다. 체념할 것은 단념해버리고 단념할 것을 체념한다는 것입니다. 그래서 바울은 생각하라고 말하는 것입니다.

우리가 버려야 하는 것은 무엇일까요? 무엇을 버리지 못해 이리도 복잡하고 분주하기만 할까요? 오늘은 잘 체념하는 날이 되길 소망합니다.

9. 고립과 고독 : 나를 살리는 시간

넷플릭스를 밤새워 볼 시간은 있지만 기도하는
절대 고독의 시간은 없습니다. SNS를 위해 사진 찍고 앱
으로 교정할 시간은 있어도 실재 관계를 만들어갈
시간은 없습니다. 자랑할 시간은 넘치지만 헌신할 시간은
없습니다. 너무 비지(busy)해서 비즈니스(business)에
깔려 살아갈 뿐 입니다. 수많은 설교를 듣지만 정작 홀
로 말씀을 묵상할 고독의 시간이 없습니다.
많지만 가난합니다. 넘치지만 항상 부족합니다.

고립과 고독 :
나를 살리는 시간

고립은 혼자 버려진 시간이요

끊기고 단절된 시간입니다.

하지만 고독은 홀로된 시간이요 영혼의 시간이요

존재의 시간입니다.

질문을 하나 던져보겠습니다. 하나님이신 예수님은 피곤한 날이 있었을까요? 없었을까요? 성경은 당연하게 너무나 피곤했다고 말씀합니다. 오죽하면 흔들리는 배에서도 아무리 흔들어도 일어나지 못할만큼 피곤하셨습니다. 몸이 피곤했고 사역이 피곤했습니다.

주변에 항상 시비를 거는 종교인들이 있었습니다. 우리는 하나님의 아들인 예수님의 설교는 다르지 않았을까 생각합니다. 한마디 설교에도 사람들은 감동하고 회개하지 않았을까 상상합니다. 하지만 실상은 그렇지 않았습니다. 듣는 이들중 얼마는 감동했습니다. 하지만 얼마는 불신하고 오히려 예수를 죽이려 했습니다. 열심히 귀기울였지만 그건 죽일만한 증거를 모으려는 것이었습니다. 자신을 노리는 적들에 둘러싸여서 설교하고 논쟁해야 한다는 것은 참으로 피곤한 일이었을 것입니다.

원수들만 힘들게 한게 아닙니다. 자신에게 귀기울이고 잘 듣던 제자들도 피곤하게 만들었습니다. 제자들은 죽음을 앞둔 날까지도 자기들끼리 누가 수석제자인지를 따졌습니다. 십자가를 지기 전 각오와 비장함이 넘치는 날인데 기껏 키운 제자들은 전혀 딴세계에 살고 있었습니다. 죽을 날이 내일이라고 말해줌에도 이들은 등수를 따지고 얻게 될 권세에 관심이 많습니다. 아무리 말해주고 가르치고 보여줘도 모두 엉뚱한 소리만 합니다. 얼마나 답답했을까요? 이렇게 못 알아 듣는 사람들과 시비거는 사람들에게 둘러 쌓여있으면 예수님도 공황장애를 겪을 위험이 높지 않았을까 생각됩니다.

어떻게 예수님은 이 답답한 상황을 견딜수 있었을까요? 어떻게 이 답답한 무리들 속에서 절망하지 않았을까요? 십자가 위에서 어떻게 외로움을 견디며 여전히 소명을 붙들 수 있었을까요?

예수님만의 비법이 있었습니다. 그것은 홀로의 시간을 통해서였습니다. 예수님은 전화기를 충전하듯이 밤이든 새벽이든 조용한 시간을 만드셨고 산이든 외떨어진 장소이든 자신만의 시공간에서 영혼의 충전시간을 가지셨습니다. 그래서 그랬는지 십자가에 죽기 전날 밤에도 그는 제자들과 떨어져 "홀로 떨어져" 기도하셨습니다.

영성은 "홀로 떨어져" 거리 두는 데서부터 시작합니다. 이것이 "홀로됨의 영성"입니다. 우리 삶은 너무나 많은 것들에 묶여있고 그 복잡성은 관계를 넘어서 끈적끈적한 걱정과 괴로움이라는 사슬로 매이게 합니다. 그래서 욕망이나 복잡한 관계 등으로 묶인 우리 존재는 거리가 필요합니다. 생존을 위해 코로나 시대에는 언택트의 거리두기가 필요하고, 자동차는 안전운행을 위해 차간 안전거리를 두어야 하고, 친구사이에도 서로를 배려한 안전거리 즉 예의를 두어야 하듯이 영성은 우리 존재에게 거리두기를 요구합니다. 그 거리두기를 "고독"이라고 부릅니다.

◉ **"고독"과 "고립"은 다릅니다.**

먼저 고립(isolation, loneliness)은 자의나 타의로 혼자되는 것입니다. 자의적으로 고립에 처하는 경우 마음의 문을 걸어 잠그고 관계들을 끊습니다. 심각한 경우 자신만의 정신적인 세계로 도피합니다. 정신분열이라고 불리는 현상입니다. 이런 고립이 타의에 의해 이뤄지고 사회적 관계들이 강제로 단절될 때 왕따라고 부릅니다. 결국 이러한 고립은 자기 파괴를 부릅니다. 스스로 문을 닫든지 강제로 닫히든지 자아를 병들게 하고 자기만의 세계속에 빠지게 합니다.

이에 비해 고독(solitude)은 영혼의 시간입니다. 수련회, 수양회를 영어로는 리트릿(retreat)이라고 부릅니다. 뒤로(re-) 물러나는 시간이라는 것입니다. 번잡한 일상과 수많은 바쁜(busy) 것과 일들(business)에서 뒤로 물러나 바라보는 것입니다.

고립시켜 죽이려 했던 시공간을 오히려 고독으로 바꾸어 깊은 영혼의 시간으로 바꾸고 승리한 사람이 있습니다. 17세기 영국의 작가요 목사였던 존 번연(John Bunyun)입니다. 그는 개신교인이라는 신앙적 이유만으로 감옥에 갇혔습니다. 그리고 종교적 차별과 탄압을 받으며 12년 동안 수감생활을 했습니다. 촛불 하나도 주지 않는

지하감옥의 어둠과 고통은 그가 외적으로 뿐만 아니라 내적으로 죽거나 포기하도록 강요하는 시간이었습니다. 만약 그가 감옥 속에서 '고립'되었다면, 결국 광인이 되거나 자신을 포기했을 것입니다. 하지만 그는 어둠속의 감옥이라는 고립의 시공간을 고독의 시공간으로 바꾸었고 영성의 시간으로 바꾸었습니다. 그 결과 기독교 고전이요 명저인 "천로역정"을 그 감옥 안에서 구상하고 쓸 수 있었습니다.

우리 시대의 문제는 너무 바빠서 고독하지 못하고, 홀로 되었어도 고립되어서 고독을 모른다는 것입니다. 자신의 마음을 바라보는 성찰(In-sight)의 시간이 없습니다. 넷플릭스를 밤새워 볼 시간은 있지만 기도하는 절대 고독의 시간은 없습니다. SNS를 위해 사진 찍고 앱으로 교정할 시간은 있어도 실재 관계를 만들어갈 시간은 없습니다. 자랑할 시간은 넘치지만 헌신할 시간은 없습니다. 너무 비지(busy)해서 비즈니스(business)에 깔려 살아갈 뿐 입니다. 수많은 설교를 듣지만 정작 홀로 말씀을 묵상할 고독의 시간이 없습니다. 많지만 가난합니다. 넘치지만 항상 부족합니다.

이를 치유할 것은 영혼의 고독한 시간입니다. 고독은 본래로 돌아가는 것입니다. 홀로 있으며 복잡다난한 수많은 일들과 관계와 나 자신존재까지도 거리를 두면서 잃어버렸던 본 모습을 본 존재로 돌아

 믿음, 그 설명할 수 없는 것들

가는 것입니다. 그래서 고독은 돌아가는 시간입니다.

고립이 단절당한 상태라면 고독은 스스로 단절한 것입니다. 고립은 파괴당한 것이라면 고독은 생산하는 것입니다. 고립은 혼자되는 것이라면 고독은 홀로되는 것입니다.

결과적 모습도 차이가 있습니다. 고립되면 술을 먹습니다. 하지만 고독하면 기도하게 됩니다. 고립되면 친구를 찾습니다. 하지만 고독하면 하나님을 찾습니다. 고립은 나도 너도 결국 죽게 합니다. 하지만 고독은 모두를 살게 합니다. 고립되면 엉뚱한 짓을 저지릅니다. 하지만 고독하면 안보던 성경을 보고 기도하게 합니다.

◉ 이제는 고립과 고독의 대립과 싸움입니다.

세상이 나를 고립되게 할 수 있지만 고립을 넘어서서 고독이 되는 것은 나의 선택입니다. 사회가 나를 고립되게 강제할 수는 있지만 고독하는 것은 나의 자유입니다. 2020년부터 만난 코로나사회는 우리의 상태를 돌아보게 강제합니다. 고립되려는가 고독하려는가? 언택트 사회는 우리에게 혼자만의 고립된 시간을 강요합니다. 서로서로

간의 관계성이 단절되고 자기만의 세계 속에 파묻히게 강제된 시간 속에 살아갑니다. 하지만 이 시간은 바꿀 수 있습니다. 단절된 고립의 외톨이의 시간이 아니라 능동적으로 자신의 영혼을 보는 고독의 시간이 될 수 있습니다.

영성이란 일상속에서 고독을 누리는 것입니다. 가장 바쁠 때에도 홀로 있는 것이고 가장 괴로울 때에도 홀로 있는 것입니다. 홀로됨의 영성은 길 잃고 헤매는 일상을 다시 제자리로 돌아오게 합니다. 본래 내 존재의 모습으로 찾아가게 합니다. 고립의 시간은 나를 죽이지만 고독의 시간은 나를 살립니다. 고립된 사회 속에서 오늘은 고독해야겠습니다.

 믿음, 그 설명할 수 없는 것들

10. 편안을 넘어서 평안함으로

편안함의 완성은 무덤입니다. 무덤의 비문에
쓰여진 RIP(평화를 누리소서 Rest in peace)라는
문구처럼 스트레스와 불안이 전혀없는 편안함은 누릴 수
있는 곳은 공동묘지 뿐 입니다.
우리는 편안하길 소망하지만 영원히 절대로 편안할 수
없는게 인간의 운명인 것 같습니다.

편안을 넘어서 평안함으로

당신은 편안합니까? 평안합니까?

편안과 평안. 여기 비슷한 모양을 하고 있는 두 단어가 있습니다. 여러분이 둘 중 하나를 고른다면 어떤 단어를 고르시겠습니까? 저는 '편안'이라는 단어가 좋아 보입니다. 그 이유는 별게 없습니다. 그냥 편안이 더 좋아 보이고 정말 편안하면 좋겠다 싶어서입니다. 아마도 제가 요즘 피곤한가 봅니다.

두 단어는 같으면서도 다른 말입니다. 의미적으로는 유사합니다.

 믿음, 그 설명할 수 없는 것들

하지만 신앙적으로 실존적으로 좀 차이가 큽니다. 편안이란 안락하고 심신에 스트레스나 고통이 없는 상태를 말합니다. 만약 직장에 사표를 스스로 던진 후 다음 날 어떤 기분일까요? 그동안 제대로 자지 못했던 잠도 자고, 직장에서 고개 숙이고 긴장했던 마음도 내려놓고 치열했던 경쟁도 이젠 생각하지 않는 안락함이 기대되지 않습니까? 이제는 온갖 심부름과 꾸지람만 하던 상사도 없고, 부담감도 없는 것입니다. 이렇게 편안은 기본적으로 고통과 장애가 없는 상태입니다.

이에 비해 평안은 고통의 부재로서의 편안과 달리 고통과 고난을 인정합니다. 오히려 이러한 고통과 어려움 속에서도 획득하고 지키려는 마음이라고 할 수 있습니다. 성경에서는 이를 샬롬과 안식이라고 부릅니다. 샬롬과 안식은 고통에서 면제되고 아예 없는 상태를 말하지 않습니다. 고통이라는 문제는 참 어렵습니다. 우리는 고통이 없기를 바라고 또 기대합니다. 신앙도 대부분 이 고통의 문제 때문에 시작합니다. 하지만 인생에서 고통이 없는 편안한 삶이 얼마나 가능할까요? 고통이나 피곤함 없이 안락한 삶이 가능할까요? 이런 삶은 이 땅에서 존재할 수 없습니다. 인생에서 고난은 항상 따라다닙니다. "다행히 나는 고통이 없다, 또 잘 이긴다"라고 하더라도 나 아닌 사랑하는 가족이나 누군가는 아프고 고통을 당하기도 합니다. 뉴스를 보면 사회 곳곳에 눈물나고 분노가 일어나는 아픈 이야기가 넘쳐납니다. 누군가의 이야기를 슬픔을 듣는 것만으로도, 정치와 경제에서 정의와 공의가 없는 것을 보고 들을 때마다 우리는 고통이 닥쳐옵니다. 편안함의 완성은 무덤입니다. 무덤의 비문에 쓰여진 RIP(평화를 누리소서 Rest in peace)라는 문구처럼 스트레스와 불안이 전혀없는 편안함은 누릴 수 있는 곳은 공동묘지 뿐 입니다. 우리는 편안하길 소망하지만 영원히 절대로 편안할 수 없는게 인간의 운명인 것 같습니다.

그러면 평안은 가능한가요?

아브라함과 조카 롯의 갈등 속에서 편안함과 평안함의 대비가 나타납니다. 아브라함과 롯의 사람들이 싸우게 되었습니다. 살림살이가 좋아지고 하인과 키우는 짐승도 많아지면서 부요함으로 인한 갈등이 생긴 것이지요. 결국 해결방법은 서로 각자 갈 길을 가는 것뿐이었습니다. 이때 아브라함은 외삼촌이면서도 선택권을 먼저 조카에게 줍니다. "네가 골라봐라. 나는 그 반대쪽으로 가마." 여기서 두 사람은 각자 다른 기준에 따른 선택을 하게 됩니다.

인생은 선택입니다. 매 순간마다 우리는 어떤 선택을 하게 됩니다. 그리고 그때마다 우리가 생각하는 인생철학과 신앙관이 나타납니다. 롯의 기준은 편안함이었습니다. 부동산을 고르면서 세세하게 살펴보았더니 평야지대가 좋습니다. 기름지고 풀도 물도 많은 목초지가 거기 있었고 또 도시도 있어서 생활에 어려움이 없을 것 같았습니다. 그래서 롯은 그곳을 선택합니다. 롯의 기준은 눈으로 "보기"에 편안하고 좋은 곳이었습니다. "눈을 들어 요단 지역을 바라본즉"(창 13:10) 외형적으로 보이는 기준이 중요했습니다. 시각적 외형적 기준은 항상 사람이 무너지는 시작점입니다. 아담과 하와도 바로 이 시선이라는 기준 때문에 무너지죠. 선악과를 보았을 때 "…눈이 밝아져…그 나무를 본즉 먹음직도 하고 보암직도 하고…"(창3:5-6) 눈으로 보니 보암직도 하고 먹음직도 하고 매력적으로 매혹적이었습니다. 그리고 그 유혹에 넘어지면서 하나님과의 약속을 깨고 선악과를 먹게 됩니다. 롯 역시 눈으로 대표되는 욕망과 욕심의 기준으로 선택했습니다. 그렇게 선택한 기름지고 물과 풀이 많은 도시지역은 바로 그 유명한 타락의 도시, 소돔과 고모라였습니다. 아니 열심히 살펴보고 고려해서 선택했는데 그곳이 가장 편안할 줄 알았는데 사실은 가장 불편하고 불벼락 맞을 곳이었다니. 롯의 편안함이라는 기준은 편안함을 주지 못합니다. 일신의 편안도 얻지 못하고 오히려 재산까지 자녀까지 다 잃게 되는 비극이 됩니다.

이에 비해 아브라함의 선택기준은 편안함이 아니었습니다. 그는 롯과의 약속대로 롯이 가는 길의 반대방향을 선택합니다. 도시의 반대방향인 산악지대를 선택한 것입니다. 이것은 무리한 바보 같은 선택이었습니다. 목축사업에도 좋지 않고 도시와는 반대에 위치해 편안함과는 거리가 먼 불편한 선택이었습니다. 전혀 편안하지 않았습니다. 하지만 이 결정은 가장 평안한 선택이었습니다. 그곳에서 그는 번성합니다. 도시는 없었으나 소돔과 고모라라는 타락 부패와는 거리를 둔 삶이었습니다. 그곳에서 그의 영혼은 평안했습니다. 아브라함은 산악지대에서 양과 염소를 먹이려고 이동하면서 많이 불편(안)했을 것입니다. 결코 편안하지 않았습니다. 하지만 그의 영혼은 평안했습니다. 편안을 쫓으면 간신히 편안합니다. 하지만 평안을 쫓으면 편안을 넘어서게 되고 편안도 평안을 따라오게 됩니다.

성경에서 편안은 주된 관심이 아닙니다. 편안이라는 단어는 성경에서 몇 번 나올까요? 놀랍게도 성경에 거의 등장하지 않는 낯선 말입니다. 성경이 우리에게 전하고 말하고자 하는 메시지는 어떻게 고난없는 편안한 삶을 살 것인가가 아니라 고난을 어떻게 대하고 깨달을 것인가 입니다. 편안은 어려움의 부재를 바랍니다. 고난이 나를 피해가고 어려움과 조우하지 않는 것입니다. 그렇다 보니 수동적이고 도피적입니다. 일단 편안함을 바라고 추구하게 되면 우리 영혼을 사명 앞에서 선 존재가 아닌 도망하는 존재로 만듭니다. 편안함

 믿음, 그 설명할 수 없는 것들

은 올림픽 메달유망주도 금메달에서 멀어지게 만드는 유혹입니다. 편안함은 군인으로 하여금 전쟁시 미리 사망자 명단에 올리는 전단계입니다.

이에 비해 평안이란 어려움과 고난 속에서도 평정한 삶입니다. 평안은 편안함의 근육을 잘게 찢어서 평안의 근육으로 만듭니다. 웬만한 어려움에도 포기하지 않고 자신의 마음을 놓치지 않는 마음입니다. 그래서 평안의 근육은 아팠지만 결국 편안을 넘어선 평안을 누리게 합니다. 평안은 문제해결과 관계없습니다. 여전히 문제는 존재합니다. 여전히 아무것도 해결되지 않았고 앞으로도 더 많은 문제들이 찾아올 것입니다. 하지만 평안은 도망할만한 상황에서도 견디고 버티게 하는 힘을 줍니다. 몸은 피곤하지만 마음의 평안은 버티고 견디고 이기게 합니다.

기독교인들이 누리는 주일날(일요일)의 안식은 편안일까요 평안일까요? 이미 답을 아실겁니다. 평안입니다. 안식은 평안을 추구하고 누리는 날입니다. 하지만 많은 이들이 편안과 안식을 동일어로 여기고 주일을 편안하게 보내려 합니다. 그러다 보니 주일날 끝없이 갈등이 일어납니다. 편안하려는 나와 평안하라는 안식일의 요구가 충돌합니다. 주일을 편안이라고 생각하는 우리는 몸을 불편하게 하는 새벽예배나 봉사를 피하고자 합니다. 이런 활동들을 교회가 성도들을 괴롭히고 착취하려고 하는 못된 전통으로 여기지요. 내 마음을 불편하게 하는 헌금이나 교제 등도 없어져야 하는 나의 편안의 적입니다. 예배의 기준 역시 편안입니다. 예배를 영화처럼 의자를 뒤로 누이고 편안하게 관람이나 시청하는 것으로 바꾸고 싶어합니다. 하지만 정확하게 알아야 하는 것은 편안은 주님의 날 주일의 중심이 될 수 없습니다. 왜 자꾸 주일을 편안한 날로 만들려고 합니까? 그것은 공휴일에 얻을 수 있는 것입니다. 주일을 편안의 날로 오해하다 보니 자꾸 주일예배, 봉사 등에 대해 문제가 쌓입니다. 안식이란 편안과 평안의 균형을 찾는 날이고 잃어버린 영육의 관계를 다시 채우는 날입니다. 교제와 사랑과 나눔과 영적채움의 날이 안식입니다. 그래서 주일날 우리는 편안하지 않습니다. 섬기고 봉사하고 교제하고 예배하고 구제하고 가르칩니다. 그래서 피곤하기도 합니다. 하지만 그 모든 시간 속에서 우리는 평안을 되찾게 됩니다. 편안에서 평안으로 옮겨질 때 우리는 주일을 안식을 되찾게 됩니다.

우리 인생에서 추구해야 하는 것은 고난이 면제되는 편안이 아닙니다. 공동묘지 외에는 존재하지 않는 불가능한 일일 뿐만 아니라 아무런 유익도 존재하지 않습니다. 우리가 할 수 있는 것은 평안입니다. 편안을 넘어서서 우리는 수고하고 땀을 흘리고 눈물을 쏟으며 그

뒤에 있는 영혼의 평안을 샬롬을 만납니다. 그래서 우리는 종종 이렇게 인사합니다.

"오늘도 평안하세요"
네 오늘 당신도 평안하시길 소망합니다.

11. 무리와 제자 : 1/4만 참 교인일지도~

교회를 다니는 교인은 다 똑같은 게 아닙니다.
등록했다고 성도가 아니고 오래 다녔다고 더 좋은 성도인
것도 아닙니다. 왜냐하면 신앙은 외면으로 평가되지 않고
내면으로 평가되고 높이가 아니라 그 깊이로
알게 되는 것이기 때문입니다.

무리와 제자 :
1/4만 참 교인일지도~

우리에게 교회 성도라는 것은 멤버쉽이며
헌금은 멤버쉽 회비와 다름 없습니다.
적당한 양의 회비(헌금)를 내고 모임(교회)에 나가고
정기모임(예배)을 갖는 것일 뿐입니다.

교회를 다니는 교인은 다 똑같은 게 아닙니다. 등록했다고 성도가
아니고 오래 다녔다고 더 좋은 성도인 것도 아닙니다. 왜냐하면 신앙
은 외면으로 평가되지 않고 내면으로 평가되고 높이가 아니라 그 깊

이로 알게 되는 것이기 때문입니다. 객관적으로 평가할 기준이 없습니다. 보이지 않는 모습 때문에 신앙에 대해서 말하기가 어려운 것입니다.

흔히 성도 집사 장로 목사 순의 계층이 교회 안에 존재한다고 여깁니다. 하지만 이 말은 틀린 말입니다. 집사 장로라는 것은 신앙의 정도를 말하는게 아니라 섬기는 일에 따른 명칭일 뿐입니다. 오히려 흔하게 부르는 성도라는 말이 더 교인의 본질을 가리키는 말입니다. 성도라는 말의 의미는 거룩한 무리입니다. 거룩이라는 본질을 가진 사람들이 성도입니다. 이런 점에서 교인이라는 말보다 성도가 기독교의 내면적 정체성을 더 잘 가리키는 말이라 여겨집니다. 성도라는 개념은 목사, 장로 등의 하는 일에 대한 명칭보다 오히려 더 내면적인 본질을 지칭하는 말입니다. 목사도 성도이며 장로도 성도인 것입니다. 모두가 되기를 원하는 말이 성도입니다.

하지만 성도라는 말이 기독교가 쫓는 신앙의 내용을 말하는 것은 아닙니다. 구약에서는 그냥 하나님의 백성이라고 통칭하며 하나님만을 섬기는 민족되기를 바라셨지만 신약에서는 백성을 넘어서서 온전한 헌신의 사람되기를 요청하고 있습니다. 이 부분에서 바로 성도가 무리와 제자로 나뉘어지게 됩니다.

무리는 다수를 차지합니다. 오병이어의 기적에서도 그 기적의 현장에 있었던 사람은 적어도 만 단위가 넘었습니다. 5천명이 모였다고 기록되었지만 당시 숫자는 전쟁할 수 있는 성인 기준이었기에 모인 숫자는 더 컷을 것입니다. 보통의 경우 교인 구성의 다수는 여성들임을 볼 때 5천명이라는 남자장년의 숫자의 3배는 여자일 것이고 계수에서 제외되는 노인과 아이들까지 치면 최소 2만이고 3만명까지도 될 것입니다. 이런 다수가 기적의 현장에 있었지만 이들의 마음은 금새 변합니다. 다음 날 예수님께서 한마디 하셨습니다. '너희가 다시 여기 온 것은 어제 먹은 떡 때문'이라고 하자 맘이 상한 것입니다. 그리고 다수는 떠나기 시작합니다. 예수님이 말실수한 것입니다. 대중의 인기에 영합해야 하는 정치인이라면 금새 유감을 표해야 하는 표현이었습니다. 아무리 어제 먹었던 빵이 먹고 싶어서 왔더라도 그것을 대놓고 말하는 것은 또 다른 문제지요. 자존심 상한 다수는 예수님을 떠나게 됩니다. 어제는 수만명이었는데 오늘은 소수의 사람들만이 남습니다. 그만큼 숫자란 아무것도 아니었습니다.

널리 알려진 옥토의 비유에서 4종류의 밭이 등장하지요. 길가밭, 돌짝밭, 가시밭, 옥토입니다. 그런데 여기서 어떤 밭이 성도일까요? 예수님은 어느 하나만 성도라고 하지 않았습니다. 4종류의 밭 모두가 씨를 받았습니다. 예수님은 네 종류의 밭 모두에게 씨앗을 주셨습니다. 그렇습니다. 4가지 밭 모두 성도입니다. 하지만 문제는 그 다음부터이지요. 그 중에서 단 1/4만 씨를 제대로 키웠고 나머지 3/4는 이런 저런 문제로 씨를 제대로 키우지 못합니다. 4/4 모두가 진리를 들었지만 시간이 지나면서 한쪽은 예수의 사람이 되지만 다른 쪽은 결국 떠나게 됩니다. 다수라는 것은 속기 쉬운 표식입니다. 무리들은 다수였습니다. 하지만 그 다수는 결국 후에 말이나 혹은 서운한 일이 생기면 떠나가게 될 숫자였습니다. 아무리 많이 모였어도 그것은 부흥이 아닙니다. 그 숫자가 객관적 성장과 부흥의 지표가 될 수 없습니다. 다수라는 숫자는 허수일 뿐입니다. 풍선의 바람 같아서 뻥하고 터지면 사라질 수인 것입니다. 숫자에 속으면 안됩니다.

고 옥한흠 목사님도 한국교회들 속에 숨어있는 세 종류의 허를 지적하셨었지요. 허상, 허수, 허세입니다. 비전이라고 제시하는데 헛된 것이고, 교세를 말하는데 다 거짓말이고, 있는 척 하지만 아무것도 가진 것 없다는 날카로운 지적이셨습니다. 무리라는 큰 숫자는 허수이며 군중 다수의 힘은 허세이며 무리가 만드는 미래는 금새 사라져버릴 허상입니다.

이에 대비되는 것이 제자입니다. 제자가 무리와 가장 크게 대비되는 부분 중 하나가 종말론적 근거입니다. 무리의 특징은 미래에 쓰러

지기로, 시험들기로, 붕괴되기로 예정(?)된 수라는 것입니다. 무리가 쓰러질 것이라는 것은 너무나 명명백백합니다. 군인이 훈련 받는 것은 미래의 위급한 사태를 대비해서입니다. 미래를 위한 존재인 것입니다. 하지만 만약 군인이 지금 훈련을 등한시하고 단련되지 않는다고 생각해 봅시다. 유사시에 어떻게 될까요? 현재적 관점에서는 모두가 똑 같은 군인으로 보이지만 훈련되지 않은 군인은 미래의 위급시에는 제대로 싸우지 못하는 당나라 군대일 것입니다. 무리의 위험성이 바로 이 점에 있습니다. 아무런 훈련이 없고 아무런 결단과 헌신이 없는 상태의 교회 성도는 준비되고 단련된 거룩한 성도가 아닙니다. 무리로서 모이는 성도는 신앙생활을 취미생활처럼 여기고 참여하는 것과 다름없습니다. 무리에게 교회 성도라는 것은 멤버쉽이며 헌금은 멤법쉽 회비와 다름 없습니다. 적당한 양의 회비(헌금)을 내고 모임(교회)에 나가고 정기모임(예배)를 갖는 것일 뿐입니다. 이것을 성도라고 할 수 있을까요? 이러한 무리, 군인들은 위급사태에 분명 넘어질 것입니다. 정리하자면 무리라는 것은 장래에 쓰러지거나 배교할 준비가 되어있는 종교인이라고 할 수 있습니다. 작은 장애만 만나도 도망하거나 후퇴할 준비가 되어있는 다수이지요. 왜냐하면 무리는 자기 경험만큼, 자기이해만큼, 자기 능력만큼 믿기 때문입니다. 내 경험과 능력이 다 하는 순간, 이해되지 않는 일들이 벌어지는 순간 무리는 등을 돌리게 됩니다.

다수의 무리와 소수의 제자의 차이는 어디서 나타나게 되는 것일까요? 기독교적 용어로 성령입니다. 성령이란 단지 신비하고 기이한 말을 하는 것만을 가리키는 게 아닙니다. 성령이란 하나님의 영이며 하나님의 마음이며 하나님의 생각입니다. 성령충만이란 나의 자아충만이 아니라 하나님의 마음이 충만한 것입니다. 내 능력이 가득한게 아니라 하나님의 능력이 가득한 것입니다. 인내하고 기다릴 때도 내 인내만큼 하는게 아니라 나를 초월하는 절대적 하나님의 기다림을 말하는 것입니다. 무리는 자신의 능력과 경험만큼 믿고 실천합니다. 이에 비해 제자는 성령의 힘으로 살고 그 능력으로 달리는 사람들입니다.

좋은 스포차카가 있습니다. 왜 좋은 차라고 부를까요? 잘 달리기 때문입니다. 이런 차를 내 힘으로 민다고 생각해 봅시다. 뒤에서 내 능력껏, 내 근육만큼 밀어야 한다면 아마도 어느 정도는 밀 수 있을 것입니다. 인간관계가 넓다면 몇 사람이 더 붙어서 밀 수 있을 것입니다. 하지만 거기까지입니다. 땀만 나고 힘이 듭니다. 즐겨야 할 스포츠카가 겉은 멋지지만 땀만 나고 힘이 듭니다. 하지만 강력한 엔진의 파워를 켠다면 어떻게 될까요? 수백 마력의 힘을 사용하여 아우토반을 무제한의 속도로 달리게 될 것입니다. 스포츠카를 내 힘으로 달리게 하겠다는 것은 미련한 짓입니다. 엔진을 써야지요. 무리는 내 힘으로 믿는 사람들입니다. 먹을게 있어서 믿고, 믿을만한 것만 믿고, 내 능력껏 봉사하고 신앙생활합니다. 예수님을 찾아 온 것도 내가 관심 있어서 온 것이고, 설교 듣는 것도 내가 듣고 싶고 알고 싶어서 자력으로 온 것입니다. 그렇게 하니 고맙지만 또 그렇기 때문에 자력이 다하는 순간 떠날 것입니다. 아무리 지금은 열심을 내고 있다 하더라도 내 힘으로 밀고 있는 한은 분명 한계를 분명하게 지니고 있는 것입니다. 결국 한계를 만날 것입니다. 그래서 무리는 장차 떠나기로 예정된 사람들이라고 앞에서 말한 것입니다. 지금은 여기 있지만 그 힘이 다하고, 이해하기 싫어지는 순간, 내 능력껏 살아가는 한 한계를 만나는 순간 떠나게 됩니다. 억지로 믿으려니 억지로 봉사하고 살아가려니 얼마나 힘이 듭니까? 착하게 살려고 하니 힘들고 금새 내 바닥이 드러나게 됩니다. 나의 한계입니다.

이에 비해 그리스도의 제자들은 자신의 힘이 아닌 복음의 능력으로, 성령의 힘으로 사는 사람들입니다. 우리 안에 복음의 엔진을 작동시킵니다. 믿음이라는 열쇠를 돌려서 시동을 걸고, 자신의 힘을 넘어서는 복음의 힘으로, 자신의 능력을 넘어서는 성령의 능력으로 살아가는 것입니다. 이런 성령의 공동체는 사도행전 2장의 성령사건 이후 등장합니다. 진정한 의미의 제자들은 사도행전 2장의 성령사건 이후 등장하기 시작했다 할 수 있습니다. 성령사건 이전에는 무

리라는 성격이 강했습니다. 우리가 이뤄가야 할 공동체는 성령공동

체입니다.

12. 목적과 목표 : 목적이 목표되면 안된다

신앙 좋은 사람들은 양극단 사이에서
혼란에 빠지곤 합니다. 신앙의 이상과 현실의 요구 사이의
고민이지요. 예를 들어 기독교인은
야망을 품으면 안되는가?
기독교인은 돈을 잘 벌면 안되는가?

목적과 목표 :
목적이 목표되면 안된다

돈! 아무것도 아닌 게 아닙니다.

중요합니다.

목표일 수는 있지만 목적일 수는 없습니다.

신앙 좋은 사람들은 양극단 사이에서 혼란에 빠지곤 합니다. 신앙
의 이상과 현실의 요구 사이의 고민이지요. 예를 들어 기독교인은 야
망을 품으면 안되는가? 기독교인은 돈을 잘 벌면 안되는가? 등입니
다. 믿음이 좋을수록 하나님만 바라는 것이며 세상의 욕심과 욕망을

버리고 멀리한다고 배웠습니다. '참 신앙인은 야망 같은 욕심을 버려야 한다. 야망은 세상적이며 죄의 모습이다.' 맞습니다. 야망은 죄의 모습중 하나일 겁니다. 그렇다고 야망없이 흘러가면 되나요? 승진 시즌 마다 난 야망이 없으니 승진을 양보할까요? 군인이면 진급을 포기할까요? 또 '돈을 탐하지 말고 자족하라.' 참 좋은 말입니다. 만족하고 기쁘게 살고 싶지요. 하지만 현실은 돈이 없으면 자족이 어렵습니다. 월세도 내야하고 등록금, 학원비도 내야하고 전세금이나 병원비 같은 목돈이 들어갑니다. 작아도 만족하고 싶지만 많은 것을 요구하는 현실이 있습니다. 좋은 믿음과 야망은 양립할 수 없는 것입니까? 믿음이 좋은데 부자일수는 없는 것입니까? 반드시 하나만 선택해야 합니까?

◉ 목적과 목표의 차이

이런 혼란은 목적과 목표를 혼동하면서 발생합니다. 목적과 목표는 방향을 제시한다는 점에서 비슷하지만 내용면에서 많이 다릅니다. 신앙에서 목적과 목표는 인생이 가야할 방향에 대한 이야기이지만 동시에 무엇이 우선이며 본질이며 무엇이 우회해도 되고 무엇은 보내도 되는지를 말해주는 중요한 기준을 제시합니다.

목적과 목표는 모두 방향을 제시합니다. 합격, 승진, 사업성공 등의 방향을 제시합니다. 하지만 큰 차이가 있습니다. 목적이 장거리 방향을 가리킨다면 목표는 근거리 방향입니다. 목적이 상위라면 목표는 하위에 가깝고, 목적이 본질이라면 목표는 비본질적입니다. 목적은 고수해야 합니다. 하지만 목표는 우회할 수도 있고 포기할 수도 있습니다. 목적이 방향이라면 목표는 그 방향과 일치선상에 있는 무엇일 뿐입니다. 목적이 최종종착역이라면 목표는 거쳐가는 중간 기착역입니다. 목적은 항상 왜(why)라는 질문을 동반합니다. 이에 비해 목표는 무엇(what) 혹은 어떻게(how) 라는 질문을 합니다. 목적은 저 지평선 너머의 알지만 당장은 보이지 않는 비전이라면 목표는 눈에 보이는 앞 산 정상입니다. 목적이 상위개념이며 본질적이라면 목표는 하위적이며 비본질적입니다. 하지만 그렇다고 목표의 중요성이 떨어지는 것은 아닙니다. 목표가 되었다는 것은 이미 중요하다는 것이고 목표와 목적이 같은 방향에 있다면 목표도 이뤄야 하는 것이니까요.

◉ 목표가 목적이 될 수는 없습니다

목적과 목표는 뒤집어 질 수 없는 관계입니다. 무엇이 우선이며 궁극의 것인지 분명합니다. 목적이 우선이며 목표는 부차적 입니다. 그래서 저 멀리 있는 궁극의 목적과 눈 앞에 있는 목표가 서로 같은 방향성을 가져야 합니다. 목표를 이루는 것은 목적을 이루려는 것입니다. 하지만 목적을 이루는데 있어서 목표를 반드시 이뤄야 하는 것은 아닙니다. 목표를 이루지 못할수도 있습니다. 그렇다고 해서 목적이 이뤄지지 않는 것은 아닙니다. 목표를 이루지 못했지만 상위의 목적을 이룰수도 있습니다. 목적과 목표가 같은 방향에 있으면 최고입니다. 하지만 서로의 방향이 틀리게 되고 우선의 관계가 뒤집어지면 열정은 있으나 파괴적인 관계가 되어버립니다.

한 비유를 생각해봅시다. 마차를 끄는 말이 있습니다. 말은 윤기가 흐르고 천리도 단번에 간다는 천리마입니다. 그대로 가기만 하면 순족하게 빨리 도착할 것입니다. 하지만 마부가 마음이 급해서 마차를 앞에 세우고 말을 뒤에 세운다고 생각해 봅시다. 어떻게 될까요? 마차는 가려고 하지만 갈 능력은 안되고 뒤에서 말은 앞으로 나아가지 못하고 혼돈의 도가니일 것입니다. 빨리 가기는 커녕 마차가 뒤집어질 위험에 처하게 됩니다. 목적은 말이고 목표가 마차입니다. 목적은 앞에서 달려가고 목표는 따라가는 관계가 맞습니다. 그런데 목표와 목적이 뒤집어지면 인생도 뒤집어집니다. 목표는 오히려 장해가 되고 신앙적으로는 우상이 됩니다.

◉ 돈은 목적이 아닌 목표입니다

돈을 이 관계에 넣어보세요. "하나님은 목적이고 돈은 목표이다". 이 사실을 잘 기억해야 합니다. 여기서 한가지 전제할 것은 무조건 믿음이 중요하고 돈은 중요하지 않다고 하는 것은 진지하지 못한 자세입니다. 돈은 정말 중요하지 않은가요? 아닙니다. 돈은 아주 중요한 주제입니다. 예수님도 가벼이 여기신 적 없습니다. 예수님의 가르침 중 2/3는 돈과 관련되어 있습니다. 달란트의 비유, 숨겨진 보화, 두 렙돈 과부, 재산을 가지고 간 탕자, 바늘귀와 부자, 부자와 거지… 모두 돈과 관련성을 가지고 있지요. 경제적 부분을 가벼이 여기면서 영성을 다룰 수 없습니다. 이 땅에서 살며 가족이 있는 이상 우리는 돈의 문제를 가볍게 여길 수 없습니다. 역설적이게도 돈에게서 자유하려고 할수록 오히려 돈의 노예가 되는 경향이 있습니다. 돈에 대해서 완전히 자유하고자 한다면 아무도 없는 산속이나 사막으로 가는 방법 뿐입니다. 그래서 돈을 알아야 합니다.

돈은 중요합니다. 하지만 본질은 아닙니다. 돈이 중요하다해서 돈이 우리의 목적이 되고 돈이 우리의 주인이 되면 안됩니다. 돈은 수단이지 목적이 될 수 없다는 것입니다. 하나님이 목적이고 돈이 목표이다 라는 관계가 뒤집어지면 그때부터 인생이 꼬입니다. 위에서 마차와 말의 관계로 설명했듯이 돈이 따라가야지, 돈이 앞장서는 목적이 되어 버리면 인생은 엉망이 됩니다. 돈 밖에 모르고 돈을 위해 모든 것을 희생시키는 파괴범이 됩니다. 돈이 목적이 된다는 것은 나의 신이 된다는 것입니다. 돈이 신이 되는 순간부터 하나님은 돈을 위한 일개목표가 되고 돈이라는 목적을 위해 하나님도 봉사해야하는 관계가 됩니다. 바로 이 때가 하나님조차 우상이 되고 기복적 수단이 되어버리는 순간입니다. 돈이 목적이 되는 순간 주인이었던 우리는 노예가 됩니다. 우리라는 주체가 우상에 끌려갑니다. 먹고 살기 위해 일하는 노예의 삶이 되어버립니다.

직장승진, 더 많은 연봉, 더 좋은 집 등의 것은 역시 단지 욕심의 영역이 아닙니다. 당연히 우리에게 필요한 부분입니다. 욕망이라고 치부할 것이 아닙니다. 모두 다 하나님의 영광 앞에서 부질없는 것이라고 덮어버린다면 우리는 승진도 다 양보하고 연봉도 양보해야겠지요? 우리는 더 많은 연봉과 집 구입 등으로 자녀양육도 준비하고 우리의 노년도 준비해야 합니다. 일용할 양식만으로 충분하다 하는 것은 무계획에 대한 변명일 뿐입니다. 승진이나 연봉, 집 등은 지혜롭게 준비해야 하는 목표의 영역입니다. 목표라는 언덕 하나 하나를 점령하며 앞으로 나아가는 것입니다. 다만 문제가 되는 것은 이런 것들이 목적이 되는 순간 이들은 욕망의 모습을 하고 우리를 구걸하게

하고 우상에 빠지게 하고 욕망의 바닷속에서 질식하고 침몰하게 만
든다는 것을 잊어서는 안됩니다.

　좋은 믿음이란, 잘사는 인생이란 목적과 목표를 혼동하지 않는 것
입니다. 그리고 목적이 무엇인지 아는 것입니다. 목적을 위해서 목표
를 파괴하는 것을 좋은 믿음이라 하지 않습니다. 목적은 목표를 이끌
고, 목표는 목적 아래에서 도전할 의미와 힘을 얻는 것입니다. 내가
살아가야 할 이유와 힘은 어디에서 나오나요? 현재 나의 목적과 목표
는 무엇입니까? 혹시 역전된 관계가 존재하지 않습니까?

13. 가치와 가격 : 가치는 헐값이 아니다

자본주의 체제는 가격으로 모든 것을 평가하고
계급매깁니다. 물건마다 사람마다 가격표가 붙습니다.
백화점 물건에 붙고, 아이들에게도 가격표가 붙습니다.
이에 비해 가치는 가격표를 붙이기 어렵습니다.

가치와 가격 :
가치는 헐값이 아니다

나는 얼마짜리 가격이 붙었나요?

내 연봉은 나를 얼마라고 말하나요? 하지만 난 그 가격이 아닙니다.

가치입니다. 난 헐값이 아닙니다. 난 가치입니다.

◉ 모든것에 가격표를 붙이다

파는 물건에는 가격표가 붙습니다. 그 가격을 보고 사람들은 구입을하지요. 비싼물건이 좋은 물건이라 생각하고 소유하고 싶어합니다. 자본주의체제는 가격으로 모든것을 평가하고 계급매깁니다. 그런데 물건 뿐만 아니라 사람에게도 가격표가 붙습니다. 백화점 물건에 붙이고, 아이들에게도 등수라는 가격표가 붙습니다. 명품은 따라올 수 없는 가격이 붙고, 사람에겐 연봉이라는 가격표가 붙습니다. 몰고 다니는 자동차 가격에 따라, 들고 다니는 가방에 따라, 입은 옷 가격에 따라 사람 가격도 비례합니다. 학벌 혹은 학위라는 좀 점잖은 가격표도 있기도 하고 결혼중매회사처럼 노골적으로 직업과 외모 등으로 가격표를 라벨링 하기도 합니다. 가격이 편리하고 많이 이용되는 이유는 가격은 구체적이며 객관적이며 가시적이기 때문이지요.

이에 비해 가치는 수치화하기 어렵고 비객관적이고 비가시적입니다. 가치는 가격표를 붙이기 힘든 면이 많습니다. 가치를 가격으로 환원시키고 표현하고 싶지만 가격표로 숫자로 표현하기 참 어렵습니다. 좋은 것인 줄 알았는데 후일 나쁘다는 것을 알기도 하고 반대로 나쁜 것인 줄 알았는데 좋다는 것을 깨닫기도 합니다. 이렇게 변하니 가격을 매길수가 없습니다. 그 이유는 가치는 상품이 아니기 때문입니다. 상품은 소비자정가를 붙일 수 있는데 비해 가치는 표준화시킬 방법이 없습니다.

가치는 시간과 깊은 연관성이 있습니다. 시간이 묵을 때에, 시간이 흘러가봐야 가치가 드러납니다. 좋은 물건은 시간이 지나야 알고, 사용해봐야 알게 되는 것처럼 가치란 오랜 시간을 겪고 사람의 손을 타면서 나타나게 되는 것입니다.

외면에 붙는 가격과 달리 가치는 내면적이고 비가시적입니다. 그래서 판단하기 어렵고 이렇다고 표현하기도 어렵습니다. 다이아몬드의 가치는 가공전에는 나타나지 않습니다. 톱을 대고 잘라내고 연마하면서 나타나게 되는 것입니다. 완성된 뒤에도 시간의 평가를 거쳐야 알 수 있습니다. 그게 가치입니다.

◉ 가격에 미치다

현대 사회는 보이는 것에 가중치를 둡니다. 비가시적 가치를 주장하는 것들은 무시받습니다. 그래서 인문학과 예술이 인정받지 못하고 배가 고픕니다. 왜 '문송합니다(인문계라 죄송합니다라는 뜻)'라는 말이 있을까? 왜 인문계로 학과를 지원하면 불쌍하게 쳐다보게 될까요? 실재 졸업 이후 진로를 걱정하고 수업과 별개로 코딩을 배우는 인문계학생들이 늘어나고 있습니다. 그것은 인문학과 예술의 보이지 않는 가치들이 인정받지 못하기 때문입니다. 인문예술계의 인정받지 못하는 "가치"와 달리 의료 이공계의 보이는 "가격"은 점점 올라갑니다. 의사의 가격은 점점 커지는 건강에 대한 관심과 함께 올라갑니다. 그리고 그 가격은 연봉으로 드러납니다. 하지만 증명할 수 없는 인문 예술의 가치는 그렇지 못합니다. 가격을 매길 수 없다는 것은 너무 소중하다는 것이지만 현실에서 가격을 매길 수 없다는 것은 헐값을 의미합니다.

신앙의 영역안에서도 가치와 가격이 서로 경쟁합니다. 왜 기복적 신앙이 사랑받을까요? 기복적 종교는 우리의 가격을 수고와 시간의 헌신없이 30배 100배로 올려주겠다고 보장하는 대박 비트코인 신앙이기 때문입니다. 신앙에 가격표를 붙인 것입니다. 대박신앙에는 과대하게 선전할수록 잘 먹힙니다. 마치 물건을 과장할수록 손님이 모이듯이 말입니다. 이렇게 신앙에 가격을 매기는 것을 좋게 볼 수는 없지만 그나마 이 가격을 마치 폐업떨이판매처럼 그나마 존재하던 신앙의 가격을 파괴하는 경우들이 있습니다. 반윤리적이고 반사회적 행동을 하는 종교인들 소식이 그나마 있던 가치마저 땅바닥에 내팽개칩니다. 기성종교는 상담이나 구제 등의 종교의 사회적 순기능으로 종교적 가격을 그나마 유지하려 애씁니다. 더 이상의 가격 하락이 없도록 애를 씁니다. 하지만 이러한 종교의 유용한 기능과 영향에도 불구하고 마치 더 좋은 냉장고가 나와서 구형 냉장고가 인기 떨어지듯이 그렇게 서서히 종교의 기능이 상담심리학이나 레져 등으로 넘어가면서 그 필요성과 유용성에 대해 의심하는 사람들이 많아졌고, 언론 때문에 자기 신앙의 가격을 긍정적으로 높여가는 곳도 있지만 종교가 주식도 아니고 뉴스에 따라서 그 가격이 오르고 내리고 하는 것도 슬픈 일입니다.

신앙마저도 이런 가격표에 미쳐서 자신의 가격을 올려줄 비트코인 대박종교를 추구해서는 안됩니다. 이것은 우상입니다. 출석하는 성도숫자나 건물규모와 편의시설에 속으면 안됩니다. 유튜브 설교 조회수, 좋아요에 속아서도 안됩니다.

◉ 가치 혹은 공정가격이라도

우리는 내면적이며 비가식적인 가치를 무시하고 버리는 사회를 살고 있습니다. 그렇게 권장합니다. 그러면서도 가치를 보존하고 인정하는 소위 선진국을 부러워합니다. 우리 손으로 직접 교육 인문 예술 등의 가치 영역을 파괴하고 값싼 가격표를 붙이고 무시하면서 동시에 부러워합니다. 이것은 사회적 정신분열입니다. 스스로 알면서도 바꾸지 않고 스스로 무시하면서 부러워하고, 스스로 파괴하면서 건설을 주장합니다. 낮고 비천한 가격표를 붙여놓고서는 아무도 관심갖지 않는다고 비난하기만 합니다. 이러한 행위는 함께 죽는 자폭 타이머를 누르는 행위입니다. 교육제도를 파괴하면서 자기만은 벗어나려고 조기유학을 보내고 영어특수학교에 보내는 것은 무슨 행동입니까?

우리는 가치를 그리워합니다. 보이지 않지만 소중한 가치가 이뤄지기를 얼마나 바라는지 모릅니다. 가격안에서도 가치에 대한 그리움은 강렬합니다. 우리 사회는 공정가격표도 이뤄지지 않았습니다. 정의와 공평이라는 가치가 없다보니 공정한 가격표가 없습니다. 누군가를 착취하고 누군가를 학대하여 얻은 가격표만이 가득합니다. 누군가의 웃음 뒤에는 누군가의 눈물이 가득합니다. 우리는 비가시적 가치가 기초가 된 가격이 있는 사회를 기다리고 있습니다.

기독교인들은 예수님을 잘 믿지 않습니다. 분명 예수님이 답이라고 말하면서 예수님이 우리 문제의 답이라고 열광적으로 말하지 않고 어느 당, 어느 정치인의 이름을 대면서 열광합니다. 교회에서 선거철에는 싸우는 사람들도 있습니다. 자신이 "믿는" 정치인을 욕했기 때문이지요. 설교듣고 토론하지 않습니다. 하지만 뉴스에 나온 이야기, 혹은 가짜뉴스 가지고 열심히 전도하고 다닙니다. 퍼트리고 알리고 토론하고 광장에 나가 외칩니다. 왜 저리도 열광할까요? 저는 이렇게 생각합니다. 그 정치인을 그 정당을 메시야로 생각하기 때문입니다. 너무 극단적 평가라고 하실지 모릅니다. 하지만 그만큼이나 우리는 그 정당, 그 정치인에게 열광하고 열망하고 있습니다. 우리는 공정가격표라도 있는 사회를 원합니다. 명작의 가치, 한 인생의 가치까지 바라지는 않더라도 적어도 현생에서 공정가격이라도 있으면 하는 바람으로 살아갑니다. 우리는 언제 공정가격표를 붙일 수 있을까요? 언제 가격을 넘어 가치를 인정할 수 있을까요? 가격이 없어도 가격이 헐값이어도 그 진정한 가치에 감격할 수는 없을까요?

 믿음, 그 설명할 수 없는 것들

14. 성장과 성숙 : "어른이"를 탈출하는 조건

몸만 성장하고 여전히 아이같은 어른들
즉 "어른이"들이 얼마나 많은지 모릅니다. 길거리
곳곳에서 미성숙한 어른이들이 문제를 만듭니다. 학위가
여러 개인데도 어른이 입니다. 사회적 어른이요 심지어
신앙도 어른이가 많습니다.

성장과 성숙 :
"어른이"를 탈출하는 조건

고난을 우리를 성숙시킵니다. 하지만 어려움을 만나도

달라지지 않으면 고생이라 말합니다.

왜 우리는 쌩고생만 할까요? 경제는, 교육은, 언론은,

종교는 언제나 고생이 아니라 철이 들까요?

◉ 어른이가 넘친다

인간은 시간이 흐를수록 성장할 것입니다. 하지만 인생은 저절로
성숙하지는 않습니다. 성장이 자연적이며 당연한 것이라면 성숙은

윤리적이며 구도적입니다. 아이가 성장하는 것은 자연적이고 당연합니다. 먹고 숨쉬기만 하면 저절로 성장합니다. 키가 크고 두뇌가 크고 몸이 자라납니다. 하지만 당연하게 성숙하지는 않습니다. 몸만 성장하고 여전히 아이같은 어른들 즉 "어른이"들이 얼마나 많은지 모릅니다. 길거리 곳곳에서 미성숙한 어른이들이 문제를 만듭니다. 학위가 여러 개인데도 어른이 입니다. 사회적 어른이요 심지어 신앙도 어른이가 많습니다.

철든다는 말을 씁니다. 철, 쇠가 들어왔다는 뜻이 아닙니다. 여기서 철은 과일이 익는 철, 시기를 말합니다. 철 든다는 것은 곡식이 철이 되면 익듯이 인생도 성숙한 철이 되었다는 것입니다. "넌 언제 철 들래?"라는 말은 언제 성숙하고 익을거냐는 의미인거지요. 참 철이 안듭니다. 사회에 철 안든 어른이들이 지도자가 되니 문제가 터지고, 신앙도 성숙을 안하고 성장만 하니 문제가 자꾸 생기는 것입니다. 인생은 철 드는 법을 배워야 합니다. 성장할수록 성숙도 해야 하는 것이 인생입니다. 인생에서 인격적 성숙없이 성장만 하니 사회에서 존경이란 말이 사라집니다. 10대들이 따를 만한 철든 사람이 없으니 어른 대신 그 자리에 아이돌이 자리합니다. 깊이 있는 성숙이 없으니 사회는 천박합니다. 경제는 가벼워서 천민자본주의 즉 졸부놀이가 가득하고, 교육은 성장만 시키니 도덕적 해이가 만연하고, 언론은 조회수를 쫓으니 진실도 정의도 없습니다. 종교계 마저 성숙 보다 성장만 추구하니 철이 없습니다.

◉ 성숙의 조건 : 교육?

그러면 어떻게 성숙할까요?

성장의 조건은 잘 보호받고 온갖 영양가를 공급받는 좋은 토양이 있으면 됩니다. 이에 비해 성숙의 조건은 다릅니다. 성장은 외적인 것이지만 성숙은 내적인 것이고, 성장은 눈에 보이고 알수 있지만 성숙은 보이지 않고 알수가 없습니다. 그래서 성숙의 조건이 무엇인지 판단하기 쉽지 않습니다. 많이 배우면 될까요? 네 좋은 것입니다. 예기 학기편에 이런 말이 있습니다. "군자여욕화민성속(君子如欲化民成俗), 기필유학호(其必由學乎)."라는 말이 있습니다. 군자가 백성을 변화시키고 문화를 바로 세우고자 한다면 반드시 교육으로 가능하다는 것입니다. 참 좋은 멋진 말입니다. 하지만 공부만으로 안된다는 것을 우리는 압니다. 아무리 학위가 많아도 박사님이어도 성숙했다고 말하기 어렵습니다. 배운 싸이코패스도 많습니다. 만약 학위로 다 된다면 학사 학위가 가장 많은 우리나라가 가장 성숙한 나라겠지요? 우리는 많은 문제를 가지고 있습니다.

◉ **성숙의 조건 : 고뇌**

성숙은 실망스럽게도 고난을 거치며 만들어집니다. 편안하게 성숙한다면 좋을텐데 성숙의 조건은 눈물과 아픔을 거치며 이뤄집니다. 맛있는 고추장 된장은 숙성되는 과정을 거칩니다. 오랜 시간을 거치며 부패의 위험과 시간 사이의 줄다리기를 거쳐서 숙성되고 진미가 되는 것입니다. 참 어려운 과정입니다. 오래될수록 부패합니다. 하지만 부패되지 않고 숙성되다니요. 분명 곰팡이가 피었는데 부패된게 아니라 숙성되어 있습니다. 부패는 시간이 지날수록 더 썩고 악취만 납니다. 하지만 숙성은 시간이 지날수록 맛있고 향기가 납니다. 인간의 성숙도 마찬가지입니다. 너무 좋은 환경조건 속에서 어려움 없는 달달한 토양을 겪으며 성숙하기는 쉽지 않습니다. 외적이든 내적이든 인생의 독한 바람과 폭풍을 겪으며 인생의 철이 들고 무르익고 깊어지게 됩니다. 고난 속에서 우리는 부패와 숙성 사이의 줄다리기 속에서 성숙은 결정되는 것입니다.

◉ **고난이 고생이 되기도 한다**

고생과 고난은 다릅니다. 존재의 변화와 성숙을 이룰 때, 인생의 아픔 슬픔을 고난이라 부릅니다. 고난은 우리를 숙성시키고 성숙시키는 재료입니다. 하지만 아무리 인생의 폭풍을 만나도 전혀 변화가 없고 오히려 부패, 변질되면 우리는 고생했다고 말합니다. 아무런 결과없이 그냥 고생만 했다는 것이 "쌩-고생"입니다. 생고생은 생(生)고생입니다. 즉 살아있는 고생입니다. 사실 살아있다는 것은 좋은 것입니다. 방송도 생방송을 라이브(live)라고 부르지요. 살아있는 방송입니다. 하지만 숙성에서 살아있는 것은 오히려 변질의 원인입니다. 된장이든 김장이든 죽어야 할 것은 죽어야 숙성이 됩니다. 죽지 않고 살아있으면(生) 아무것도 얻지 못하는 고생이 됩니다. 소금을 뿌려도 배추 순이 죽지 않으면 생고생입니다. 된장을 몇 년씩 장독 안에 묵혀도 살아있으면 썩을 뿐입니다. 인생은 죽어야 성숙합니다. 생하고 있는 한 죽을 뿐입니다. 어른이들은 살아있기에 성숙하지 못한 것입니다.

◉ 성숙의 조건 : 고뇌와 묵상

신앙에도 성숙이 있을까요? 네 있습니다. 믿음이 성숙하는 사람들은 성경의 말씀을 자기문제로 여깁니다. 자신을 향한 메시지로 받는 것입니다. 하지만 미성숙한 사람들은 남의 문제라고 하며 남 탓 하고 비판을 즐겨합니다. 자신은 항상 의인이고 그 놈들이 문제라며 탓합니다. 그래서 의로운 나 만이 해결할 수 있다 주장합니다. 정말 그렇다면 얼마나 손쉬운 해법입니까?

하지만 인생에는 이런 해법은 존재하지 않습니다. 설익은 생-고생만 하는 신앙의 어른이들이 여기저기를 찔러서 문제를 만들고 소음을 만듭니다. 피아를 구별하지 못하고 아무데도 오발사고를 내서 더 큰 상처와 아픔들을 만듭니다. 성숙한 신앙은 비난과 비판을 구별합니다. 비판할 것은 비판합니다. 하지만 비난하지는 않습니다. 이유, 근거없는 비난은 감정적이며 상대 뿐만 아니라 자신까지 상하게 합니다. 비난을 즐겨하는 사람 곁에는 사람이 없습니다. 왜? 옆에 있는 것만으로도 맘이 상하고 부서지기 때문입니다.

성숙은 높이가 아니라 깊이의 문제입니다. 보이지 않는 깊은 뿌리처럼 성숙은 보이지 않으며 깊음과 침묵 속에 머뭅니다. 인생에서 높이만큼 깊은 내면적 침묵과 고뇌와 묵상없이 성숙은 이뤄지지 않습니다. 인생성공했다고 높은 건물의 건물주되었다고 그만큼 성공한 것은 아니지요. 높은 학벌과 인생의 성숙이 비례하는 것이 아닙니다. 심지어 반비례하기도 합니다.

우리는 너무 높이만 따집니다. 높은 아파트일수록 값이 올라가고 고층 마천루를 세우는데 온힘을 쏟고 주식은 최고점을 찍어야 하고 내 연봉도 동기보다 더 높아야 하고… 이렇게 높이만 따지면서 성장을 했지만 성숙은 깊이입니다. 높은 점수와 등급 대신 친구와의 관계를 먼저 배려하며, 학벌이라는 높이 대신 한권 책에서 배우는 깊이를 중시하고 수많은 소음 대신 침묵하는 것이 깊이입니다. 주장하기 보다 겸손하며 내 주장 보다 남의 주장 듣기를 먼저하는 것이 깊이입니다.

 믿음, 그 설명할 수 없는 것들

15. 욕망과 열망 : 갈망은 욕망이 되기도 하고 열망이 되기도 한다

우리 안의 갈망은 마셔도 마셔도 채워지지 않는 것입니다.

그 빈 공간을 빈공간으로 두지 않고

우리는 채우려 합니다. 그리고 채워지지 않기에

우리는 그 무엇을 갈망합니다. 이 갈망 때문에 우리는

글을 쓰고 사상을 만들고 영적체험을 하게 되지요.

갈망은 선택하게 됩니다.

하나는 열망이고 다른 하나는 욕망입니다.

욕망과 열망 :
갈망은 욕망이 되기도 하고 열망이 되기도 한다

우리 안에 무엇으로 채울 수 없는 갈망이 넘실거립니다.

이 갈망이 욕망이 되면 리비도의 욕망에 빠진

무너지는 존재가 되고 열망이 되면 마르쿠제가

말한 문명이 되기도 합니다.

◉ 파스칼의 빈공간

파스칼이 실재 한 비유는 아니지만 파스칼의 것으로 알려진 비유
가 있습니다. 사람의 마음에는 큰 공간들이 있는데 이런 저런 모양의

빈공간들이 있습니다. 그 공간들은 채울 수 있는 모양이 정해져 있었습니다. 동그랗고 네모나고 세모나고…그 공간은 동일한 모양만이 채울 수 있는 것이었죠. 파스칼은 이렇게 해석합니다.

인간 마음속 그 공간들은 채울 수 있는 것이 정해져 있습니다. 어떤 공간은 재미로 채워질 수 있고, 어떤 것은 돈으로, 성공으로, 결혼으로, 성으로 채워질 수 있는 것들입니다. 인간은 그 각각의 빈공간을 채우고자 갈망합니다. 복원 그것을 목표라 부르고 의미, 살아갈 이유라고 말하기도 합니다. 그런데 이 공간들 중에 특이한 것이 있었습니다. 그 공간은 어떤 모양과도 맞지가 않았습니다. 사람들은 그 공간을 채우고자 이런 저런 노력을 하지만 결국 채워지지 않았습니다. 무엇으로 어떤 모양으로 채워야 할지 몰라 이것 저것으로 채우려 했습니다. 그 채워지지 않는 빈 공간 때문에 사람들은 허하다고 할까요? 뭔가 비었음을 느낍니다. 외로움이라고 표현하기도 하고 목마름이라고 말하기도 했습니다. 돈으로 채워질 줄 알았지만 아니었고, 쾌락인가 했지만 그것도 아니었습니다. 사랑인가 싶지만 그것도 아니었습니다. 사람은 어떻게 하든지 이 공간을 채우고자 했지만 결국 채우지 못했습니다. 그 무엇인지 모를, 어떻게 채워야 할지 모를 그 무엇 때문에 인간은 깊은 허무함과 동시에 채우고 싶은 갈망 속에 살아갑니다.

파스칼은 수학자로서 유명했고 처음으로 계산기를 발명한 사람으로도 널리 알려져 있습니다. 그는 본래 무신론자입니다. 현대적 무신론자라기 보다는 당시 유행이었던 이신론자 정도였을 겁니다. 신은 존재하지만 그리 우리와 관계없고 우주의 법칙을 만들고 지켜보는 정도의 신이라고 여긴 것이지요. 하지만 딸을 통해서 신비적 경험을 한 이후 그는 적극적으로 신앙생활을 하게 됩니다. 짧은 39세라는 나이에 요절하기까지 침대에 누워 생각하고 떠오른 것들을 모아서 사후 출간한 것이 "팡세"라는 책입니다. 다시 위 비유로 돌아가서 파스칼은 사람 마음 속의 그 무엇으로도 채울 수 없는 공간은 오직 하나님만이 채울 수 있다고 주장합니다. 하나님으로 채워지지 않으니 인간은 끝없이 방황하고 공허해하고 목말라한다는 것이지요. 그 정체를 모르니 괜히 엉뚱한 것들을 욕망하고 채우려 한 것입니다.

◉ 갈망의 선택 : 열망안가? 욕망인가?

우리 안의 갈망은 마셔도 마셔도 채워지지 않는 것입니다. 그 빈 공간을 빈공간으로 두지 않고 우리는 채우려 합니다. 그리고 채워지지 않기에 우리는 그 무엇을 갈망합니다. 이 갈망 때문에 우리는 글을 쓰고 사상을 만들고 영적체험을 하게 되지요.

갈망은 선택하게 됩니다. 하나는 열망이고 다른 하나는 욕망입니다. 마르쿠제가 프로이드의 이론을 따라 인간에게는 에로스라는 욕망이 심리 저 아래 자리하고 있다고 합니다. 프로이드는 리비도라고 했지만 마라쿠제는 에로스라고 불렀습니다. 역사가 그 에로스에 사로 잡혀 먹히면 그 역사는 쇠락의 길을 걷지만 에로스를 승화시키면 문명의 길을 걷는다고 말합니다. 그 에로스가 갈망입니다. 인간 속에 내재한 갈망 목마름이 승화되면 열망이 됩니다. 하지만 잡아먹히면 갈망은 욕망이 됩니다. 욕망도 파스칼의 빈공간을 채우려 합니다. 하지만 그 방법이 하향적입니다. 목마름에는 시원한 물이 필요합니다. 하지만 시원한 탄산음료를 마신다면 시원한 바닷물을 마신다면 불에 기름을 붓는 격입니다. 갈망에 채울 수 없는 갈망은 오히려 우리 존재를 죽입니다. 욕망은 잠시 채워줍니다. 하지만 그 채움 때문에 오히려 더 목마르게 됩니다. 욕망은 그렇습니다. 채워주지만 채워주지 않습니다.

◉ 욕망은 태우고 할퀴고 재가 됩니다

욕망은 불꽃과 같습니다. 욕망이라는 불꽃은 태웁니다. 찬란할수록 불꽃도 강력합니다. 그 뜨거운 욕망의 불꽃은 자신의 채움을 위해 타인을 할퀴고 화상을 입힙니다. 그래도 채워지지 않기에 더욱 불꽃을 높게 올립니다. 결국 그 불은 자기를 태우고 남을 태우면서 다 탈 때까지 타오릅니다. 그리고 그 자리에는 오직 허무라는 재만이 남습니다. 타인도 죽고 나도 죽습니다. 불태우는 욕망은 아무 것도 세우지 못하며 건설하지도 못합니다. 오직 태울 뿐입니다.

다윗의 아들 암논이 욕망의 불에 휩싸였습니다. 자신의 이복동생인 다말의 미모에 빠져 갖고자 했습니다. '사랑한다'고 말합니다. 아름다운 사랑이라는 불은 훨훨 타오릅니다. 이 당시에는 이복형제끼리 결혼도 가능했었나봅니다. 나중에 다말이 말합니다. 서둘지 말고 아버지에게 말하자고 그러면 거절하지 않으실것입니다. 하지만 불타오르는 욕망의 화신 암논의 눈에는 그런게 보이지 않습니다. 그는 다말을 온갖 속임수로 끌여들여 강제로 기어이 성폭행합니다. 하지만 그 이후 갑자기 변심합니다. 사랑의 이름으로 타오르던 불은 욕망이었습니다. 그는 곁에 머물겠다는 다말을 문 밖으로 쫓아냅니다. 그리 사랑한다고 하더니 사랑 때문에 병까지 났다고 하더니 어느새 보기싫다며 쫓아냅니다. 이것은 무슨 감정일까요? 욕망이라는 화려한 불은 결국 다말을 불태워 고통속에 두고 자신도 불태웁니다. 몇 년후 결국 다말의 오빠였던 압살롬이 복수를 합니다. 암논을 죽이고 형제들을 죽이고 아버지 다윗까지도 내쫓습니다. 가정까지 부모까지 불태우는 불이 된 것입니다.

◉ 열망은 잿속에서도 살려내는 불입니다

열망 역시 불과 같습니다. 하지만 열망과 다른 점은 열망의 불꽃은 에너지가 된다는 것입니다. 욕망의 불은 혼자 타오르고 파괴만 합니다. 하지만 열망의 불은 타인을 열정으로 불타오르게 하고 불 꺼진 곳에 불을 붙여주고, 얼어붙은 곳을 녹여주며, 자동차에게는 에너지가 되게 합니다. 다 타버렸다 할지라도 그 타고 남은 잿속에서 새생명을 가능하게 합니다. 그게 열망입니다. 성공에, 자아실현의 열망이 빠진 사람은 자신의 시간과 돈과 젊음을 태워서 그 다음 단계를 이뤄갑니다. 생산하는 것입니다. 불사조처럼 자신을 태워 그 속에서 새로운 생명을 태어나게 합니다. 열망의 불은 자신이 타더라도 죽지않습니다. 그 열망이 이어집니다.

페리코레시스(περιχώρησις) 라는 단어가 있습니다. 이 단어는 기독교 삼위일체 하나님의 관계를 나타내는 헬라어입니다. 어떻게 하나님 아버지와 아들 예수님과 성령 하나님이 하나일까? 설명할 수 없고 다 표현못할 관계를 설명하는 것이 페리코레시스입니다. 삼위의 하나님이 각각 존재하는 것이 아니라 상호내주하고 상호 침투하고 상호관계한다는 것입니다. 페리+코레시스 로 만들어진 단어인데 본래는 페리 즉 둘러싸고 코레오, 가다, 즉 둘러선다는 의미를 갖는데 이게 발전해서 춤춘다는 의미로까지 발전합니다. 삼위일체 하나님의 모습이 손에 손을 잡고 둘러서 춤추는 모습입니다. 신론은 재미없이 근엄한 이론이 아니라 사실은 이렇게 춤과 흥이 넘치는 모습입니다. 신과 사람과 자연이 함께 어울리는 모습이지요.

어거스틴은 페리코레시스를 사랑으로 표현하기도 했습니다. 사랑하는 자(the loving)와 사랑받는 자(the loved)와 사랑 자체(the love)가 있습니다. 이 셋은 각각이지만 모두 손에 손을 맞잡은 관계 속에서 하나가 되어있다는 것입니다. 페리코레시스 하나님의 모습은 열망입니다. 춤이 넘치고 사랑이 넘치고 서로 알고자 하고 서로 보고싶고 손을 놔도 상대방은 나를 놓치지 않고 잡고 있는 모습입니다. 사랑에 빠진 사람들은 전화하고 전화해도 더 말하고 싶습니다. 하루종일 봤는데 더 보고 싶습니다. 페리코레시스의 사랑은 갈망에서 시작하지만 열망으로 넘어갑니다. 봐도 봐도 목마른 갈망이 서로를 위해 기꺼이 죽을 수도 있는, 다 주어도 괜찮은 열망으로 변해갑니다. 사랑의 열망은 타자를 살립니다. 사람의 사랑은 내 중심이 되면 욕망이 됩니다. 내 공간을 채우려고, 내 욕심을 채우려고 남을 이용하고 강제합니다. 암논처럼 나의 빈공간을 폭력으로 사랑이라는 이름으로 강제합니다. 다말의 눈물이나 아픔은 생각하지도 않습니다. 처음에는 상사병같이 죽을 것 같은 갈망이었으나 그것은 욕망이 되었고 암논도 불타고, 피해자 다말도 불타고 모두를 재로 만들 때까지 꺼지지 않았습니다. 하지만 하나님의 사랑은 자기를 내어주는 열망입니다. 기꺼이 배신당하고, 체포당하고, 침 뱉음당하고, 벌거 벗음 당하고, 피가 난무하지만 그 사랑은 자기를 죽여 타인을 살리는 사랑이었습니다.

저는 항상 궁금했습니다. 우리는 왜 그리도 열망하고 갈망하는 존재인가? 왜 채워지기를 채우기를 열망하는가? 왜 우리는 무언가를 사모하는가?

갈망을 위로 향하여 하나님을 바라본다면 지혜가 되고 믿음이 됩니다. 열망이 되어 더욱 영적 세계로 나아가게 합니다. 하지만 잘못 선택할 때 갈망은 욕망이 됩니다. 간절히 채우고 채워지길 원하지만 그 대상을 모르니 우리는 인생의 쾌락과 즐거움으로 그 빈공간을 채웁니다. 잘못된 것으로 채웁니다. 어떻게 채울줄 모르니 타인을 폭행하고 뺏어서 나를 채웁니다. 하지만 채워지지 않습니다. 그래서 거짓된 사랑으로 타인을 채워주기보다 나만을 채웁니다. 내가 살고자 남을 죽이는 것입니다. 우리는 욕망이 과대하게 넘치는 세상속에서 살아갑니다. 당신은 어떤 세상을 선택하셨습니까?

16. 자학과 고백사이 : 나는 아무것도 아닙니다

권력자 앞에서 자신은 아무것도 아니라 했으니

그것은 자학이지요. 하지만 이 말을 하나님 앞에서 했다

면 그것은 겸손한 고백입니다. 자학은 자신을 파괴합니다.

말할수록 생각할수록 자신이 부서지고 가루가 됩니다.

하지만 고백은 오히려 살립니다.

자학과 고백사이 :
나는 아무것도 아닙니다

누구 앞에서 말하는가?

"나는 아무것도 아닙니다"

이 말은 찬양가사에 등장하는 말입니다. 굉장히 겸손한 표현이고 얼마나 살아가는 인생 속에서 인간이라는 존재가 아무것도 아닌지를 표현하면서 동시에 하나님의 절대적 주권을 강조하는 표현입니다. 많은 분들이 은혜롭게 부르고 있습니다. 더불어 이 찬양에는 다른 표현이지만 같은 의미를 갖는 가사들이 연이어 등장합니다. "나는 아무것도 모릅니다… 나는 아무것도 못합니다… 나는 한순간도 못 삽니다."

이 찬양은 분명 은혜 가득합니다. 깊은 감동을 줍니다. 특히 삶이 곤고할수록 또한 어려움을 만나 흔들릴수록 이 가사는 맘에 와닿습니다. 하지만 관점을 바꾸어 보면 이 표현들이 과연 신앙적 고백일까 아니면 병든 종교인들의 자학적 언어일까 라는 의문을 제기하기도 합니다.

너무 자학적이지 않은가 생각할 수도 있습니다. 현대인들이 얼마나 자신을 아끼고 사랑합니까? 헬스 하면서 자기 몸을 만들고 이를 자기 SNS에 자신있게 올리고, 바디프로필을 찍기도 합니다. 그게 아니어도 다이어트라는 이름으로 몸무게를 하루 단위로 측정하면서 몸을 가꿉니다. 그런데 자신 스스로를 아무것도 아니고, 아무것도 못하고, 자신은 스스로 살수도 없다고 말하는 것은 이런 시대정신을 거스르는 것은 아닐까요? 너무나 자존감없고 의지도 없고 비굴하기까지한 언어아닐까요? 어린 아이가 "나는 아무것도 못합니다" 이렇게 말하면 이해되지만 다 큰 성인이, 책임적 존재가 할만한 말이 아니기 때문입니다.

이런 비슷한 표현들이 신앙안에 존재합니다.

"고난은 축복입니다"라는 말이 있습니다. 고난이 축복이라니요. 정말 의문이 듭니다. 그외 유사 표현으로 "고난은 하나님의 선물입니다" "연단은 축복의 과정입니다" "고난은 변장한 축복입니다" "눈물의 골짜기를 지날 때 하나님이 더 가까이 계신다" 등의 널리 알려진 표현들이 있습니다.

오스왈드 챔버스는 "하나님은 우리를 가장 깊은 고통을 통해 가장 위대한 사명으로 인도하신다"고 했고 토저(A. W. Tozer)는 "하나님은 크게 쓰시기 전에 반드시 깊이 상처 입히신다"고 말하기도 했습니다. 일면 이런 언어들이 은혜롭지만 달리 보면 너무나 고난을 긍정하는 것 아닐까요? 사회비판적 관점에서는 고난을 축복이라고 받아들이는 신앙은 사회비판과 개혁성을 잃어버리고 그냥 지금 주어진 고난을 감내하고 견디자라는 이데올로기적 작전으로 볼수도 있습니다. 일면 그런 부분도 있습니다. 문제가 있으면 바꿔야지 그걸 축복으로 여기며 받아들인다면 어떻게 변화를 만들겠습니까? 기득권 세력이 좋아하겠죠. 아무것도 바꾸지 않아도 되니 얼마나 좋아하겠습니까?

생각해봐야 합니다. 나는 아무것도 아닙니다. 나는 죄인입니다. 고난은 축복입니다. 이런 말에 기초한 신앙이란 인생에서 아무것도 바꾸지 않고 감내하는 피동적이고 비굴하고 스스로를 비굴하게 만드는 자존감없는 자학일까요? 바보들이나 책임감없는 어린애 같은 마인드를 가진 이들만의 나약한 종교일까요?

프리드리히 니체는 기독교를 이런 이유때문에 무척 싫어했습니다. 사랑 자비를 외치는 기독교를 "노예의 윤리"라고 부르며 공격하기도 했지요. 목사의 아들이었던 니체가 기독교를 모르지 않았을 겁니다. 오히려 누구보다 깊이 많이 알았을 겁니다. 니체는 나름 대학때는 신학을 전공하고자 했으니까요. 후에 그의 철학이 완성되어 "위버멘쉬" 초인의 철학을 외쳤을 때 그의 눈에 기독교는 자학적이고 자기비하적 종교로만 비춰졌을 것입니다. 그럼 정말로 기독교는 노예의 종교이며 자기비하적 자학적 종교일까요? 당연히 아닙니다.

진짜 자학적 표현들은 "난 살아있을 가치도 없어, 내가 왜 태어났을까? 난 실패자야, 낙오자야, 나는 인간 쓰레기야" 등 일겁니다. 인터넷에 이런 말이 있더군요. "이생망." 그 뜻이 "이번 생은 망했다"라는 의미였습니다. "지옥고"라는 말도 있습니다. 무슨 뜻일까요? "반지하, 옥탑, 고시원"을 의미했습니다. 참 슬픈 말입니다. 이번 생은 망했으니 다음 생에서 뭔가 해보겠다는 포기와 체념이 가득합니다. "문송합니다"라는 표현도 있습니다. "문과를 전공해서 죄송합니다"라는 뜻입니다. 돈이 안되는 철학이나 사학을 공부해서 죄송하다는 것이지요. 모두들 이공계나 의사로 가려는 시대에 돈도 안되고 직업 길도 없는 철학, 사학, 문학, 사회학이라니요. 정말 바보같은 선택으로 보입니다. 사실 우리 사회가 불안한 이유는 돈이 없어서가 아니라 문과나 예술 같은 분야가 천시받으니 사회가 너무 생각이나 깊이가 없어졌기 때문입니다. 문송이라는 없어져야 우리 사회는 질적으로 좋아진 사회가 되는 것이지요.

다시 본론으로 돌아와서 '나는 아무것도 아닙니다'라는 표현은 어떻게 보면 자학적입니다. 하지만 자학이라고 할 수 없는 이유는 이 말을 누구 앞에서 하느냐가 다르기 때문입니다. 이 말을 무력, 재력을 가진 자 앞에서 했다면 자학이 맞습니다. 권력자 앞에서 자신은 아무것도 아니라 했으니 그것은 자학이지요. 하지만 이 말을 하나님 앞에서 했다면 그것은 겸손한 고백입니다. 자학은 자신을 파괴합니다. 말할수록 생각할수록 자신이 부서지고 가루가 됩니다. 하지만 고백은 오히려 살립니다. 하나님 앞에서 나는 아무것도 아닙니다 라고 하는 것은 자신 안에 있던 오만함과 병들고 실패했던 것들을 다 꺼내 놓고 흘려 보내는 행동입니다. 자신을 부수는 게 아니라 오히려 괜한 것에 매달렸음을 깨닫고 그냥 보내는 놀라운 영적 언어요 행동인 것입니다. 돈, 명예, 성공, 스펙 등을 붙잡고 살려고 했는데 하나님 앞에서 보니 아무것도 아니었네요 라고 말하게 된 것입니다. 이게 고백입니다. 아무것도 아니라고 하는 것은 나를 부인하는 nothing 이 아니라 내 속에 있던 온갖 쓰레기가 쓰레기였음 nothing임을 깨닫고 하게 되는 언어입니다.

모세가 젊어서는 자신만만했지요. 자신이 유대민족을 구원하겠다 생각합니다. 신분이 왕자였고 배움도 왕실의 것을 배웠으니 얼마나 엘리트였겠습니까? 그는 특별했고 모든 것(everything)을 가졌습니다. 하지만 그런 에브리씽의 삶은 곧 무너집니다. 그는 인생의 붕괴를 경험합니다. 자신감, 스펙, 신분, 젊음, 야망… 이 모든 게 무너집니다. 그것도 자신이 도우려던 유대인에 의해 고발되어 도망하게 되면서 그는 모든 것을 잃게 됩니다. 그는 낫씽(nothing)이 되었습니다. 실재 광야에서 집도 돈도 사람도 자기 과거도 다 잃어버리고 자신이 아무것도 아님을 알게 됩니다. 시내산의 불붙은 보잘 것 없는 떨기나무 앞에서 그는 자신을 낫씽 이라고 말합니다. 그리고 그 낫씽에서부터 그의 새로운 삶이 시작됩니다.

역설적이게도 하나님 앞에서 자신이 nothing임을 고백 못하면 사람 앞에서 자신이 nothing이라고 말해야 하는 수모와 자기비하를 만나게 됩니다. 반대로 하나님 앞에서 nothing을 고백하는 사람은 사람 앞에서 오히려 nothing을 말할 일이 없을 겁니다. 교만을 생각해보세요. 하나님 앞에서 엎드린 자는 사람 앞에서 당당할 것입니다. 하지만 하나님 앞에 엎드리지 않는 자는 사람 앞에 엎드리게 되는 것입니다. 하나님 앞에서 자기를 낮춤은 자학이 아닙니다. 오히려 사는 길입니다. 자기가 살며 자기를 발견하게 되는 언어입니다.

17. 맞는 말과 옳은 말 :
구경꾼의 언어와 공감자의 언어

"용서해라" 네 맞습니다. 용서해야죠.

하지만 학교폭력을 가한 가해자들을 쉽사리 용서하기

어렵습니다. 내 자녀가 당해서 얼굴이 부었는데

펑펑 울고 있는데 용서가 금방 나올까요? 또 예수님도

용서했으니 당신도 용서하라 하면 쉽게 용서가 될까요? 말

은 맞지만 공감이 되지 않습니다.

맞는 말과 옳은 말 :
구경꾼의 언어와 공감자의 언어

맞는 말만 하는 사람이 싫습니다.

사람의 언어에는 맞는 말과 옳은 말이 있습니다.

한 가정의 이야기입니다. 어느 날 퇴근 후 아내가 피곤한 얼굴로 상의할 게 있다고 했습니다.

"나 정말 힘들어 죽을 거 같아.

김과장은 말도 안되는 지시를 하고, 박 대리는 뺀질거리면서 어떻게든 일 안하고 나한테 미루려고 하고, 월급 받는 거는 별로 우리 도움도 안되고. 애들 학원비라도 벌려고 한건데 애들은 낮에 방치되고 있고 어떻게 해야 할지 모르겠어. 죽을 거 같아.”

이 말을 듣고 있던 남편이 시원하게 말했습니다.

“그런 직장 그만 둬. 그까짓 직장이 뭐라고. 집에서 애들돌보면 되겠네.” 남편 딴에는 통쾌한 답을 주었다고 생각하는데 뭔가 이상합니다.

아내 분위기가 싹 바뀌더니 정리하고 방으로 들어가 버립니다.

“아니 왜?”

큰 소리로 물었지만 대답도 안하고 들어가 버립니다.

왜 이렇게 되었을까요?

남편은 아내에게 “맞는 말”을 했기 때문입니다. 맞는 말은 당연한 말입니다. 대학입시로 고민하는 학생에게 맞는 말은 무엇입니까? ‘공부 더해라. 잠자는 시간 줄이고, 친구 만나지 말고, 집중하면 대학 갈 수 있다.’ 맞습니다. 정말 맞는 거죠. 하지만 학생은 답답할 겁니다. 그걸 모르는 게 아니거든요.

직장인이 성공하려면 어떻게 해야 할까요? 이렇게 답할 수 있습니다. '더 열심히 일하면 된다, 자기에게 맞는 일을 하고, 남보다 더 부지런하고, 자신에게만 있는 장점을 발견해서 자기개발을 한다면 성공할 것이다' 이렇게 말하는게 맞는 말입니다. 정말 맞는 말 아닙니까?

하지만 직장인이 그걸 모를까요? 압니다. 알지만 또 그렇게 살지만 안되는 걸 어떻게 합니까? 학생이 1등하고 싶어서 외우지만 안 외워지는 걸 어떻게 합니까? 죽어라 노력해도 머리에 들어오지 않습니다. 그걸 어떻게 합니까? 직장인 중에 자기개발안하는 사람이 누가 있겠습니까? 하지만 맘대로 되지 않는걸 어떻게 합니까? 이런 대답은 다 맞는 말입니다

아내가 화난 이유는 무엇입니까? 맞는 말을 해서입니다. 아내가 듣고 싶었던 것은 공감해주고 같이 박대리 김과장 욕해주는 것을 바랬을겁니다. 직장 그만두라는 맞는 말은 쉬운 겁니다. 그걸 몰라서 그러는게 아닙니다. 직장은 계속 다니고 경력을 쌓고 싶은데 직장생활이 어려우니 잠시 말했을 뿐입니다. 그 자리에 필요한 것은 맞는 말,

당연한 말이 아닙니다. 그건 더 화나게 하는 것입니다.

신앙의 언어도 비슷합니다.

너무나 맞는 말만 하려고 합니다. "용서해라" 네 맞습니다. 용서해야죠. 하지만 학교폭력을 가한 가해자들을 쉽사리 용서하기 어렵습니다. 내 자녀가 당해서 얼굴이 부었는데 펑펑 울고 있는데 용서가 금방 나올까요? 또 예수님도 용서했으니 당신도 용서하라 하면 쉽게 용서가 될까요? 말은 맞지만 공감이 되지 않습니다. 그런 말은 오히려 불을 지릅니다. 용서해야 한다는 맞는 말에는 울고 있는 사람의 아픔과 상한 마음은 전혀 고려하지 않고 있는 것입니다.

맞는 말들은 구경꾼의 언어입니다. 공감하는 자의 언어는 같이 아파합니다. 같이 분노합니다. 용서하라고요? 쉽게 용서를 말하는 것은 구경꾼들이 그렇게 하는 것입니다. 상처에 약을 바르면 바로 낫나요? 아닙니다. 시간이 걸립니다. 예수님이 돌아가셨을 때에도 바로 다음날 부활하셨나요? 아닙니다. 3일 후에 부활하셨습니다. 구경꾼의 언어에는 치료받는 시간이 없습니다. 아픈 것은 아픈 시간이 필요하고 치료받는 것도 치료의 시간이 필요한 것입니다.

맞는 말은 비난 비판에 빠릅니다. 삼수하는 청소년에게 공부안해서 그렇게 되었다고 말하는 것은 조언이 아니고 공격이고 비난입니다. 승진못해서 힘들어하는 직장인에게 더 열심히 하라고 말하는 것은 어떨 때는 폭력이기도 합니다.

우리는 이런 맞는 말들에 맞서서 다른 언어를 구사해야 합니다.

그것은 옳은 말입니다. 옳은 말은 맞는 말과 다릅니다. 맞는 말은 문자중심이고 원칙이 중요하지만 옳은 말은 사람이 중심이고 상한 마음이 중심입니다. 그 사람이 지금 어떻게 느끼는지가 중요한겁니다.

우리 신앙은 너무 맞는 말만 하려고 합니다. 비난하고 꾸짖는 신앙 신학보다 같이 공감하고 같이 울어주는 신앙 신학이 진정한 신앙 아닐까요?

예수님이 지금 오신다면 어떻게 하실까요? 길거리에서 맞는 말만 하시며 그것도 못하냐고 꾸짖고 계실까요? 아니면 낮고 천한 이들과 함께 하시며 울어주고 계실까요? 십자가의 신학이란 이렇게 같이 아파하는 신학 아닐까요? 예수님은 아파하셨습니다. 아프게 하신게 아닙니다. 자꾸 현대 신학자들은 꾸짖고 정죄하고 자유주의라고 말하고 틀렸다고 말하는데 너무 빠르고 온힘을 다 합니다. 같이 아파하는 신학이 없고 울어주는 신앙이 보기 드뭅니다. 그래서 맞는 말만 하는 신학은 아파하지 않습니다. 아프긴 하죠. 하지만 그것은 자기가 아픈 게 아니라 남을 아프게 하기 때문입니다.